헌법 1조, 나라의 첫 문장

헌법 1조, 나라의 첫 문장

— 헌법 1조 우리의 약속 —

글 서해경 | 그림 김소희

차례

1	정치란 무엇일까?	07
2	국가의 주인은 누구일까?	27
3	헌법이란 무엇일까?	41
4	미국	53

아메리카합중국 제1조 제1절 이 헌법에 의하여 부여되는 모든 입법 권한은 미국 연방 의회에 속하며, 연방 의회는 상원과 하원으로 구성한다.

| 5 | **독일** | 71 |

독일연방공화국 기본법 제1조 제1항 인간의 존엄은 불가침이다. 이를 존중하고 보호하는 것이 모든 국가 권력의 의무이다.

| 6 | **일본** | 89 |

일본국 헌법 제1조 천황(덴노)은, 일본국의 상징으로 일본 국민통합의 상징이며, 이 지위는, 주권이 존재하는 일본 국민의 총의에 기초한다.

| 7 | **중국** | 103 |

중화인민공화국 헌법 제1조 중화인민공화국은 노동자 계급이 지도하고, 노동자와 농민 연맹을 기초로 하는 인민 민주주의 전제정치의 사회주의 국가이다.

| 8 | **대한민국** | 119 |

대한민국 헌법 제1조 ① 대한민국은 민주공화국이다. ② 대한민국의 주권은 국민에게 있고, 모든 권력은 국민으로부터 나온다.

정치란 무엇일까?

 '정치'라는 말만 들어도, 왠지 어렵고 지루하게 느껴지지 않니? 혹시 이렇게 생각한 적은 없어?

 "정치는 정치인이 하는 거잖아. 나는 정치인이 될 것도 아닌데, 굳이 정치를 알아야 할까?"

 그렇게 생각하는 건 정말 자연스러운 일이야. 하지만 생각보다 정치는 지루하지도 않고, 정치인만 하는 것도 아니야. 사실 말이야, 지금 이 책을 읽고 있는 친구도, 나도, 이미 '정치'를 하는 중이거든.

 사람은 혼자 살 수 없지? 나를 돌봐 주시는 부모님과 가족이 있고, 함께 공부하고 노는 친구도 있지. 내가 먹은 밥은 농부가 열심히 농사를 지은 덕분이고, 책·학용품·장난감도 많은 사람이 함께 만든 거야. 또 선생님·경찰관·문구점 아저씨처럼 우리 주변을 지켜 주고 도와주는 분들과도 함께 어울려 살아가지. 이렇게 여러 사람이 모여 함께 살아가는 것을 '사회'라고 해.

우리는 항상 사회 안에서, 여러 사람과 함께 살아가는 존재야. 그런데 말이야, 사람은 누구나 다 달라. 생김새도 다르고, 생각과 능력도 모두 다르지.

난 키가 작고 말랐는데, 내 단짝 친구는 키가 크고 통통해. 나는 100m를 전속력으로 달려도 22초나 걸리는데, 친구는 16초 만에 훌쩍 달려 버려. 나는 책가방만 메도 어깨가 아픈데, 아빠는 책상을 번쩍 들어 옮기시지.

생김새나 능력만 다른 게 아니야. 난 만화책을 좋아하지만, 친구는 게임을 더 좋아해. 가난한 이웃을 위해 전 재산을 기부하는 사람도 있고, 남의 것을 빼앗으려고 해를 끼치는 사람도 있어.

이렇게 서로 다른 사람들이 함께 살다 보면, 이런저런 갈등이 생기고, 서로 대립하는 일이 생길 수밖에 없어.

다툼과 갈등을 해결하는 정치

우리가 일상에서 자주 겪는 갈등과 대립에는 어떤 것들이 있을까? 난 문구점에서 불량 식품을 사고 싶은데, 엄마는 절대 못 사게 해. 학교 회장이 되고 싶은데, 다른 친구도 회장이 되겠다고 나서지. 술래잡기할 때도 술래가 되겠다는 사람이 아무도 없어.

가족이 외식할 때도 그래. 먹고 싶은 음식이 다 달라서, 결국 내가 먹고 싶은 건 못 먹을 때도 있어. 텔레비전 볼 때도 마찬가지야. 가족마다 보고 싶은 프로그램이 다 달라서 내가 보고 싶은 걸 못 볼 때도 있지.

하지만 우리는 이런 문제를 서로 배려하고 지혜롭게 해결하면서 살아가. 불량 식품 대신에 엄마와 함께 신선한 딸기를 사 먹을 수도 있고, 회장은 공정한 선거를 통해 뽑을 수 있어. 술래는 가위바위보로 정하면 되고, 외식 메뉴나 텔레비전 프로그램은 가족이 차례로 선택할 수 있도록 약속하기도 하지.

이렇게 갈등과 대립을 해결하는 것, 그게 바로 '정치'야. 정치란, 서로 다른 사람들이 모여 함께 문제를 평화롭게 해결하는 과정이거든.

하지만 사회에서 생기는 모든 갈등과 대립이 서로 의논하고 양보하는 방법으로만 해결되는 것은 아니야. 이런 일도 있을 수 있으니까 말이야.

이 만화는 어떻게 끝날까? 형과 아빠뿐만 아니라 삼촌, 친구, 이모, 이웃까지 싸움에 끼어들어서 밤새도록 싸움이 이어지는 건 아닐까?

처음엔 딸기를 빼앗긴 아이와 빼앗은 아이의 작은 갈등에서 시작됐어. 하지만 점점 싸움이 커졌지. 딸기를 빼앗긴 아이의 복수를 해 주려고 형이 나섰고, 또 다른 아이의 형도 자기 동생을 지키려고 맞섰어. 아이들이 맞고 돌아오자 이제는 아빠들이 자식의 복수를 위해 나섰고, 결국 온 마을이 편을 나누어 싸우게 되는 건 아닐까?

"설마 딸기 몇 개 때문에 사람들이 그렇게까지 싸우겠어?"라고 생각할지도 몰라.

"저 사람들도 그 정도의 생각, 그 정도의 따뜻한 마음은 있겠지?"라고 믿고 싶을 수도 있어.

그래, 나도 그렇게 믿고 싶어.

하지만 사람의 생각이나 마음만 믿기엔 확실하지 않을 때가 많아. 왜냐하면 사람의 생각은 언제든지 바뀔 수 있고, 서로 마음도 다 다르기 때문이야.

그래서 사람들은 '법'과 '제도'를 만들었어. 사람은 누구나 다 다르지만, 같은 제도 안에서 살고, 같은 법을 지키며 살아가는 거지.

문제가 생겼을 때, 서로 타협하고 이해하며 해결할 수 없다면, 법에 따라 다툼을 해결하면 되지.

법과 제도가 없어서, 사람들이 직접 갈등을 해결해야 하면 어떻게 될까?

위의 만화처럼, 문제를 해결하기는커녕 갈등이 더 커지거나 끝나지 않을 수도 있어. 그 과정에서 약한 사람만 억울해질 수도 있지.

그렇게 되면 사회는 혼란스러워지고 우리는 안심하고 살아갈 수 없을 거야.

함께 힘을 모아 문제를 해결하는 정치

그럼, 이번엔 다른 마을에서 벌어진 일을 함께 볼까?

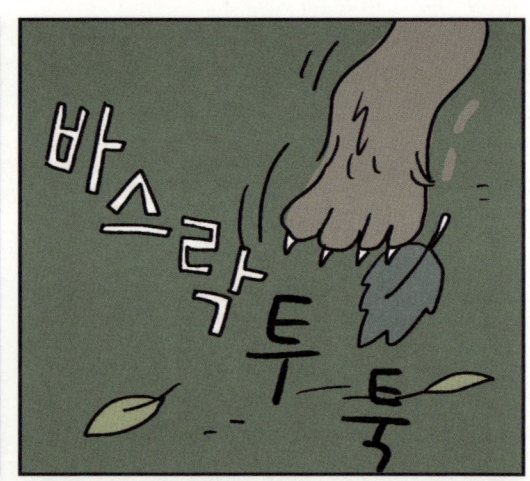

만화 속 마을에는 아주 큰 문제가 있어. 밤마다 늑대 무리가 몰려와 사람을 잡아가는 거야. 그래서 마을 사람들은 늑대를 막으려고 울타리를 세우기로 했어.

하지만 튼튼한 울타리를 혼자서 세우기엔 너무 힘들지. 모두가 힘을 모아 함께 만들어야만 마을을 안전하게 지킬 수 있어.

그런데 어떤 사람은 자기 마음대로 울타리를 세우고, 어떤 사람은 아예 울타리를 세우지 않고 낮잠을 자기도 해.

결국 밤이 되고, 늑대 무리가 또다시 나타났지만, 제대로 완성되지 않은 울타리는 아무 소용이 없었어.

이처럼 우리가 살다 보면 혼자서 혹은 몇몇 사람만으로는 도저히 해낼 수 없는 일이 정말 많아.

혼자 힘으로는 집을 짓거나, 길을 만들거나, 댐을 쌓고, 자동차나 비행기를 만드는 건 불가능하지. 다른 나라가 우리나라를 공격해 온다면, 혼자서는 나라도 지킬 수 없지.

그래서 사람은 함께 모여 살면서 혼자서는 할 수 없는 일을 협력해서 해 나가.

그런데 어떤 사람은 함께하지 않고, 자기만 빠지려고 해. 또 어떤 사람은 같이 일은 하지만, 아무런 계획도 없이 자기 마음대로 해서 일을 망쳐 놓기도 하지. 너무 가는 나뭇가지로 울타리를 세운 사람 탓에 울타리가 아무 소용도 없었던 것처럼 말이야.

그래서 함께 사는 사람들은 서로 협력하는 게 정말 중요해. 그리고 문제를 해결하려면 미리 계획을 세우고, 그 계획에 따라 누가 어떤 일을 맡을지 나누어 줄 사람도 필요하지.

그리고 때때로 다른 사람에게 피해를 주는 사람도 있지? 남을 속이거나, 때리거나, 괴롭히는 사람. 공장 폐수를 강에 몰래 버려서 환경을 오염시키는 사람도 있어.

이런 사람은 어떻게 해야 할까?

"벌을 줘야지!"

그래, 맞아. 벌을 줘야 해. 그런데 만약 그 사람이 이렇게 말하면 어쩌지?

"당신이 뭔데 나한테 벌을 준다는 거야?"

"내가 널 괴롭힌 것도 아닌데 왜 참견이야?"

심지어,

"벌을 줄 수 있으면 줘 봐. 내가 오히려 너를 괴롭혀 주지!"
라고 협박이라도 하면?

그래서 꼭 필요한 사람이 있어. 잘못한 사람에게 정당하게 벌을 줄 수 있는 사람. 그리고 사람들이 그런 잘못을 저지르지 못하게 미리 막아 줄 수 있는 사람도 필요해.

국가는 힘이 세

앞에서 다양한 문제를 해결할 사람이 필요하다고 했지? 그 사람은 누구일까? 바로 '국가'야.

사람은 사회를 만들고 그 안에 산다고 했지? 우리는 가족이라는 사회, 마을이라는 사회, 그리고 더 큰 지역 사회 속에서 살아. 그리고 우리는 그 모든 사회보다 더 크고 힘이 센, '국가'라는 사회 안에서도 살고 있어.

국가는 어떤 일을 할까?

예를 들면, 딸기를 빼앗은 아이에서 시작된 다툼을 해결하고, 여러 사람이 힘을 모아 튼튼한 울타리를 세우도록 도와주고, 누군가 다른 사람에게 피해를 주지 못하게 막고, 피해를 준 사람에게는 정당한 벌을 줘. 그리고 무엇보다, 국가는 우리를 안전하게 지켜 줘.

이 모든 일을 할 수 있는 건, 국가가 그런 일을 할 '권력(힘)'이 있기 때문이야.

권력이란, 우리가 하고 싶은 일을 '강제로' 못하게 하거나, 하기 싫은 일을 '억지로' 하게 하는 힘이야.

그렇다면 국가는 어떻게 권력을 쓸까? 앞에서 법과 제도가 왜 필요한지 배웠지? 국가는 법과 제도를 만들어서, 국민이 반드시 그것을 지키며 살아가도록 해.

법을 어기거나 제도를 따르지 않으면, 법에 정해진 대로 벌을 받게 되지.

"나는 법을 안 지킬 거야."

"벌도 안 받을 거야."

아무리 주장해도 소용없어.

법과 제도는 내가 선택해서 지킬 수 있는 게 아니야. 법과 제도를 지키게 하는 힘, 그게 바로 국가가 가진 권력이야.

하지만 사실, 우리는 법과 제도를 지켜야 하고, 혹 지키지 않으면 벌을 받는 것을 너무도 당연하게 생각해.

그런데 말이야, 그 법과 제도는 내가 만든 것도 아닌데, 나는 그것을 지키고, 지키지 않으면 벌까지 받게 돼. 그건 무슨 뜻일까? 바로, 우리가 '국가' 안에서 살아가고 있다는 증거야.

이처럼 국가는 법과 제도를 만들어서 사람 사이의 갈등을 조절하고, 힘을 모아 문제를 해결하게 해. 이게 바로 '정치'야. 국가가 이런 역할을 하는 이유는 국민을 보호하고, 국민이 안전하고 행복하게 살게 하기 위해서야.

물론, '국가'라는 것이 눈에 보이는 물건도 아니고, 국가라는 이름을 가진 사람이 있는 것도 아니잖아. 그래서 국가의 일을 대신 맡아서 해 줄 사람, 국가를 다스릴 사람이 필요해.

그 사람이 누구인지, 누가 그런 '힘'을 가졌는지는 역사 안에서 계속 변해 왔어. 그 변화의 이야기는 2장에서 함께 알아보자.

2

국가의 주인은 누구일까?

내가 좋아하는 초등학생 친구가 이런 말을 했어. "우리나라의 주인은 대통령이잖아요? 그러니까 우리나라 일은 대통령이 알아서 하면 되죠." 좋아하는 친구라도, 이 말엔 절대 동의할 수가 없어. 왜냐고? '지금의 우리나라'의 주인은 바로 나니까 말이야. 뭐? 내가 대통령이냐고? 아니. 나는 그냥 대한민국의 국민이야. 이 책을 읽는 친구도 마찬가지고 말이야. 대한민국은 민주주의 국가이기 때문에 우리 같은 국민 한 사람 한 사람이 대한민국의 주인이야.

아, 내가 위에서 '지금의 우리나라'라고 말한 것도 조금 이상하다고? 우와, 정말 세밀하게 읽는 친구구나. 맞아. 지금의 대한민국은 국민이 주인이지만 불과 100여 년 전만 해도 그렇지 않았어. 지금은 '민주주의 국가'가 당연한 것 같지만, 사실 민주주의의 역사는 그리 길지 않단다.

내가 국가의 주인이야

민주주의 국가가 생기기 전에는 누가 국가의 주인이었을까? 그건 바로 왕이야. 국가는 그 안에 사는 사람이 안전하고 행복하게 살도록 보호하고 도와주지만, 모든 사람이 나서서 직접 국가를 다스릴 수는 없잖아. 그래서 몇몇 사람이 국가를 다스리기 시작했고, 나머지 사람은 그들이 명령하는 대로 따랐지.

그런데 점점 국가를 다스리는 사람들은 자신이 다른 국민과는 다른 사람이라고 생각하게 되었어. 국민은 자신이 명령하는 대로 따르는 어리석은 사람이고, 자신은 태어날 때부터 훌륭한 사람이라고 생각했지. 그들은 국가를 자기의 것이라고 생각하게 되었어.

1장에서 국가는 권력이 있다고 했지? 그 권력을 몇몇 사람이 독차지한 거야. 그중에서 가장 힘이 센 사람이 바로 왕이 되었지.

왕 아래에는 귀족·양반이, 또 그 아래에 일반 백성이 있고 마지막으로 노예·종 같은 사람으로 신분이 나뉘었어.

이렇게 불평등한 것을 당연하다고 생각하며 살았지. 시간이 지날수록 왕과 귀족·양반은 점점 힘이 세지고 더 부자가 되는데, 국민의 대다수를 차지하는 일반 백성은 먹고살기도 너무 힘들었어.

성을 지으라고 하면 하던 일을 팽개치고 끌려가서 성을 쌓고, 세금을 내라 하면 자기들이 먹을 것도 다 내놓아야 했지. 백성의 생활이 이러니, 노예·종의 생활은 더 말할 것도 없지.

일반 백성의 수가 훨씬 더 많은데 왜 왕과 귀족·양반의 명령에 따랐을까? 사람은 평등하지 않다고 생각했으니까. 특히 왕은 특별한 사람, 하늘에서 내려온 사람, 신을 대신해서 국가를 다스리는 사람이라고 믿었어. 왕의 권력은 신이 준 것이기 때문에, 다른 사람은 감히 왕의 명령에 반대할 수 없다는 거야. 이런 믿음을 '왕권신수설'이라고 해.

프랑스에는 태양왕이라고 불릴 정도로 강력한 권력이 있던 왕이 있어. 루이 14세야. 루이 14세는 프랑스를 72년이 넘도록 다스렸지. 그는 베르사유의 궁전을 지은 것으로도 유명해. 세계에서 손꼽히게 화려하고 큰 궁전 중 하나인 베르사유 궁전을 짓는 데 필요한 것이 딱 하나 있었어. 그게 무엇인지 아래의 만화로 찾아볼까?

왕의 권력에 맞서다, 영국의 대헌장

하지만 시간이 지나면서 사람들은 왕에 관한 생각이 달라졌어. 자세히 들여다보니, 왕이 특별히 뛰어난 점이 있는 것도 아니었거든. 게다가 왕이라면 마땅히 백성을 잘 먹고 잘살게 해야 하는데, 현실은 오히려 백성들이 살기 힘들기만 했지. 왕은 하늘에서 내려온 존재, 신의 뜻을 대신해 나라를 다스리는 위대한 사람이라는데, 그런 왕이 다스리는 나라에서 백성이 왜 이렇게 힘들게 살아야 하냐는 의문이 생긴 거야. 특히 영국에서는 이런 생각이 더 강하게 퍼졌어.

1215년 영국은 존 왕이 다스리고 있었는데, 자기 마음대로 전쟁을 벌이고, 게다가 계속 지기만 하는 거야. 그리고 왕보다 더 힘이 센 교황과 다투더니 결국엔 교황에게 영토와 공물을 보내고 용서를 빌어서 영국인을 창피하게 만들었어. 또 세금은 왜 그리 많이 걷는지, 귀족들조차 존 왕을 도저히 그냥 두고 볼 수가 없었어. 결국 귀족들은 존 왕에게 반란을 일으켰고, 백성들은 귀족을 응원했지.

곧 귀족들이 왕이 사는 런던을 장악했어. 그러고는 존 왕에게 자신들의 요구 사항이 적힌 문서에 서명하라고 했지. 귀족들에게 진 존 왕은 그 문서에 서명할 수밖에 없었어. 이 문서가 바로 민주주의 역사에 아주 큰 영향을 미친 '대헌장 (마그나 카르타)'이야.

고작 종이에 불과한 이 문서가 뭐 그리 대단하냐고? '문서'가 얼마나 중요한지는 계약서를 떠올려 보면 쉬워.

예를 들어, 이 책을 읽는 친구의 부모님이 막둥이라는 사람에게 돈을 주고 집을 샀어. 9월 3일에 이사하기로 약속하면서 서로 새끼손가락도 걸었지. 그런데 막상 이사 날 가 보니, 막둥이가 아직도 그 집에 살고 있는 거야. 그러면서 집을 비워 줄 수 없다고 해. 그럼 어떻게 해야 할까?

부모님이 막둥이를 억지로 내쫓을 수 있을까? 그러다 몸싸움이라도 벌어질지 몰라. 그래서 경찰에 신고하려면, 부모님이 진짜로 그 집을 샀다는 '증거'가 있어야 해. 바로 돈을 주고 집을 사기로 한 내용을 적은 '문서(계약서)' 말이야.

만약 계약서가 있다면, 막둥이도 자기가 약속하고 서명까지 한 문서를 보고 거짓말하기는 어려웠을 거야. 이렇게 '문서'는 서로의 약속을 지키게 도와주는 중요한 역할을 해. 싸우지 않고 평화롭게 문제를 해결할 수 있게 해 주지.

대헌장에는 귀족이 국왕에게 요구한 63개의 조항이 적혀 있어. 이 조항들 덕분에 앞으로는 왕이라고 해도 자기 마음대로 나라를 다스릴 수 없게 된 거야.

물론 대헌장에 적힌 내용은 대부분 평범한 백성보다는 귀족을 위한 것이있어. 하지만 '처음으로' 국왕과 귀족이 의논해서 왕의 권력을 제한하고, 그 내용을 '문서'로 남긴 일은 민주주의 역사에 아주 큰 변화를 가져 왔단다.

영국은 존 왕이 '대헌장'에 서명한 뒤로, 왕의 권력을 조금씩 줄이고 귀족과 백성의 권리를 더 많이 인정하는 쪽으로, 다시 말해 민주주의 국가로 바뀌어 갔어.

대헌장은 영국뿐 아니라, 세계 여러 나라의 정치에 큰 영향을 끼쳤어. 이제는 왕이라고 해도 자기 마음대로 나라를 다스릴 수 없게 된 거지.

그래서 사람들은 대헌장을 '최초의 헌법'이라고 부르기도 해. 대헌장으로 왕의 권력을 제한한 것이, 시간이 지나면서 헌법을 만들고, 그 헌법에 따라 나라를 다스리는 흐름으로 이어졌으니까.

민주주의를 시작하다

영국에서 대헌장을 만든 뒤, 사람들은 왕을 '신이 선택한 특별한 사람'이라고 여기지 않게 되었어. 왕이나 귀족도 자신과 같은 평범한 사람이고, 서로 평등하다고 생각하게 된 거야. 이제는 왕이나 귀족의 명령에 무조건 따르지 않고, 누구나 자유롭게 살 권리가 있다고 믿었지. 나라 역시 왕의 것이 아니라 국민의 것이라 생각했어.

이런 생각은 프랑스에서 더 강하게 나타났어. 프랑스 국민은 결국 '프랑스 대혁명'을 일으켜 왕을 쫓아냈어. 그리고 국민이 원하는 새로운 세상을 만들기 위해 '인권선언'을 발표했지.

'인권선언' 제1조는 이렇게 시작해.

"인간은 태어나면서부터 자유롭고, 권리에 있어서 평등하다."

그전까지는 국민이 왕에게 자유와 재산을 지킬 권리를 요구하는 정도였어. 하지만 '인권선언' 이후로는, 모든 사람이 평등하다는 생각이 널리 퍼지게 되었지.

프랑스의 인권선언은 영국의 대헌장과 함께, 민주주의가 발전하는 데 큰 영향을 준 중요한 약속이야.

대헌장과 프랑스 대혁명, 그리고 미국의 독립(미국은 4장에서 자세히 알아볼 거야.)은, '국민이 국가의 주인'이라는 사실을 깨닫게 했어. 사람들은 이제 국가는 국민을 위해 존재한다고 생각하게 되었지. 국민이 더 행복하게 살기 위해 국가가 필요하다고 말이야. 그리고 사람이 행복하게 살려면, 모든 사람이 자유롭고, 차별을 받지 않고 평등해야 한다고 생각했어. 왜냐하면 사람은 누구나 소중하고 존엄한 존재니까.

물론 몇 번의 혁명으로 국가의 주인이 완전히 바뀐 것은 아니야. 나라를 자기 것이라 믿었던 왕이, '그래, 오늘부터 이 나라는 국민의 거야!' 하고 쉽게 인정했을 리는 없지. 왕처럼 국가를 독차지하려는 사람들과, 국가의 주인은 국민이라고 믿는 사람들 사이에는 오랫동안 치열한 싸움이 있었어. 하지만 결국 국민들이 왕을 몰아내고, 자신들이 진짜 주인이라는 것을 스스로 증명해 냈지. 그렇게 민주주의 국가가 태어난 거야.

그럼 민주주의는 무엇일까? 국민이 국가의 주인이기 때문에, 국민이 자신을 위해서 국가를 다스리는 거야. 미국의 링컨은 '국민의, 국민에 의한, 국민을 위한 정치'를 민주 정치라고 말했어. 그래서 민주주의의 목표는 모든 사람이 자유롭고 평등하며, 인간의 존엄성을 존중받는 사회가 되는 거야.

민주주의를 실현하기 위해서는 꼭 지켜야 할 기본 원리들이 있어.

첫 번째는 '국민 주권'의 원리야. 주권이란, 국가를 다스리는 최고의 권력이야. 국가의 주인을 말하기도 하지. 국민 주권이란 국민이 국가의 주권을 가지고 있다는 거야.

두 번째는 '대의제'의 원리야. 국민이 주권을 가지고 있으므로 국민이 스스로 국가를 다스려야 해. 하지만 실제로 모든 국민이 직접 국가를 다스릴 수는 없잖아. 그래서 국가를 다스릴 사람[대표]들을 뽑아서 국가의 일을 맡게 해. 국민의 뜻을 대신해서 국가를 다스리게 하는 거야.

세 번째는 '입헌주의'의 원리야. 국민을 대신해서 대표들이 국가를 다스리잖아. 그런데 대표들이 자기 마음대로 국가를 다스리면 안 되겠지? 국가를 다스리는 기준이 있어. 그게 바로 헌법이지. 입헌주의는 헌법에 따라 국가를 다스리는 것을 말해. 헌법이 무엇인지는 다음 장에서 알아볼 거야.

네 번째 원리는, '권력 분립'의 원리야. 국가를 다스리려면 권력이 필요한데, 국민을 대신해서 국가를 다스리는 사람들이 국가 권력을 독차지하면 어쩌지? 왕과 귀족이 권력을 독차지해서 백성의 자유와 권리를 빼앗았던 것처럼 말이야. 그래서 역할에 따라 국가 권력을 나누어야 해. 법을 만드는 입법부[국회]와 법에 따라 옳고

그름을 판단해서 벌을 주는 사법부(법원), 국가의 살림을 맡아서 하고 국회에서 만든 법을 집행하는 행정부(대통령과 정부)로 나누었지. 이들은 서로를 견제해서 어느 한 기관이 권력을 독차지하지 못하게 균형을 이루고 있어.

마지막으로 '지방 자치'의 원리가 있어. 국회, 행정부 등이 국가 전체에 관련된 일을 하므로, 작은 지역에 대해서는 잘 모를 수 있어. 그래서 주민이 자기가 사는 지역을 스스로 다스리는 거야. 대한민국도 도, 시, 구, 군 등의 지방 자치 단체가 있어서 자기 지역의 일을 맡아 하고 있어.

내가 국가의 주인이라지만, 민주주의를 지키는 일은 생각보다 쉽지 않아. 민주주의는 나를 지켜 주는 안전한 집과 같아. 그런데 그 집을 돌보지 않고 방치하면, 더는 편안하고 안전한 집이 아니게 되겠지? 민주주의도 마찬가지야. 우리가 늘 관심을 가지고 지켜보며 가꿔야 해. 그래야 튼튼한 집처럼 우리를 지켜 줄 수 있어.

3

헌법이란 무엇일까?

 이제야 밝히지만, 사실 이 책은 헌법에 관한 책이야. 앞에서 정치와 국가, 민주주의의 역사에 대해 먼저 알아본 이유는, 헌법에 정치와 민주주의가 담겼기 때문이지. 헌법은 그냥 법 중에 하나 아니냐고? 맞아, 헌법은 법이지. 하지만 헌법은 보통 법이 아니야.

 음, 조금 엉뚱한 질문일 수도 있지만, 곰곰이 생각해 보고 답해 줘. 내가 지금 집을 지으려고 하는데, 가장 먼저 어떤 일을 해야 할까? 어떤 집을 지을지 결정할 거라고? 설계도를 그릴 거라고? 나도 같은 생각이야. 그럼, 국가를 만들 때는 어떤 일부터 해야 할까? 지금부터 알아보자.

헌법은
국가를 만드는 설계도

집을 지을 때처럼, 국가를 지을 때도, 어떤 국가를 지을 것인지를 먼저 결정해야 해. 그리고 내가 살고 싶은 국가를 설계도로 그려 놓아야 하지. 그 설계도가 바로 헌법이야. 그래서 헌법을 먼저 정한 뒤에야 국가를 세울 수 있지.

이 책을 읽는 친구가 살고 싶은 국가는 어떤 국가야? 공부는 안 해도 되고, 어른의 충고도 듣지 않고, 가지고 싶은 것은 마음껏 가질 수 있는 국가는 아니겠지? 아래 만화에, 국가를 만들려는 사람들의 이야기가 있어. 만화를 먼저 보고, 어떤 국가를 만들지 다시 생각해 볼까?

위 만화에서 사람들은, 늑대 국가가 계속 괴롭히니까 자신들을 보호해 줄 국가를 만들려고 하지? 그래서 어떤 국가를 만들지 상의하고 있어.

우선, 그 국가의 주인이 누구인지 정할 거야. 대한민국은 국민이 주권을 가진 민주주의 국가이고, 사우디아라비아는 왕이 모든 권력을 가진 왕정 국가 (군주국) 이지. 누가 국가를 다스릴지도 정해야지. 대한민국은 대통령, 사우디아라비아는 왕, 영국과 일본은 수상이 있지. 또 중국처럼 공산당이 독재하는 사회주의 국가가 될지도 정해야 해.

국가를 누가, 어떻게 나누어 다스릴지도 정하지만, 국민과 국가의 관계도 미리 정해야겠지? 국민의 의무는 어떤 것이 있고, 국민의 권리는 무엇인지를 정할 거야. 예를 들어, 국민은 국가에 세금을 내고, 국가를 지키는 의무 등이 있어. 그리고 국민은 자유롭게 살 권리, 평등하게 대접받을 권리, 행복하게 살 권리 등이 있어. 국가는 국민의 권리 (기본권) 를 보호해야 하지.

이처럼, 어떤 국가를 만들지를 미리 계획하고, 헌법으로 결정하는 거야. 그래서 헌법을 보면, 그 국가의 주권을 누가 가졌는지, 국민은 어떤 기본권을 가졌는지를 알 수 있어. 그뿐만 아니라 헌법에는 그 국가의 역사도 담겨 있어. 그 나라가 가장 중요하게 생각하는 가치가 무엇인지도 알 수 있지. 제2차 세계대전을 일으켰던 독일의 헌법에는, 인간의 존엄성을 파괴했던 과거에 대한 반성이 담겨 있고, 일본의 헌법에는 천황을 섬겼던 옛이야기가 있지.

헌법은 가장 힘이 센 법이야

1장에서 사람들은 다양한 사회 속에서 산다고 했지? 그중에서 가장 크고 힘이 센 사회는 국가라고 말이야. 또 사회에는 다양한 갈등과 대립이 생기고, 그것을 해결하는 행동이 정치라고도 했어. 특히 국가는 법과 제도를 만들어서 국민의 문제를 해결한다고도 했어.

앞에서 한 얘기는 이제 그만하라고? 하나만 더! 2장에서 민주주의의 기본 원리를 소개했는데 그중에 '입헌주의의 원리'가 있었어.

입헌주의는, 국민을 대신해서 국가를 다스리는 대표들이 자기 마음대로 국가를 다스릴 수 없고, 반드시 헌법에 맞춰 국가를 다스려야 한다는 거였지? 왜? 헌법은 국가를 다스리는 기준이니까.

하지만 국가가 하는 일은 너무너무 많고, 아주아주 다양해. 사회는 자꾸자꾸 변하고 사람들의 생각도 계속 변하지. 헌법으로 국가의 모든 일을 다 정해 둘 수는 없어. 설계도에 그 집의 크기, 몇 층짜리 집인지, 방과 화장실, 부엌이 몇 개인지, 가구의 위치 등은 미리 정할 수 있어.

하지만 벽지의 무늬, 그 집에 사는 사람이 사용할 가전제품과 옷, 그릇 등은 정할 수 없잖아. 설계도처럼, 헌법만으로는 국가가 할 일, 국민 사이의 일을 하나하나 다 결정하고 해결할 수 없지. 그래서 국가는 다양한 법과 제도를 만들었어.

예를 들어 볼까? 대한민국 헌법 제39조 ①항은 '모든 국민은 법률이 정하는 바에 의하여 국방의 의무를 진다.'라고 적혀 있어. 하지만 실제로 군대에 입대해서 국방의 의무를 지는 사람은 남자야. 어떻게 된 걸까? 헌법은 국민에게 국방의 의무가 있다는 기준을 정한 것이고, 실제로는 '병역법'에 따라 대한민국 남자만 군에 입대할 의무가 있는 거야. 그럼 여자는 국방의 의무가 면제되었으니까, 국가를 위험에 빠뜨려도 될까? 물론 아니지. 그러면 다른 법에 따라 벌을 받게 되지. 왜냐고? 헌법에 나와 있잖아. 모든 국민은 국방의 의무, 즉 국가를 보호해야 한다고 말이야.

그런데 법이 헌법에 어긋난다면 어떻게 될까? 대한민국에 이런 법이 있었어. '해가 뜨기 전이나 해가 진 다음에는 건물 밖에서 시위하면 안 된다.'라는 법이야. 이 법은 2009년 헌법재판소에서 '헌법에 어긋나는 법'이라고 결정했어. 그 즉시 이 법의 효력은 사라졌지. 대한민국 헌법에는, 국민은 자신의 의견을 표현할 자유와 권리가 있다고 적혀 있거든. 그러니 밤에는 시위할 수 없다는 법은 헌법에 맞지 않고, 그런 법은 사라지는 거야. 법도 사라지게 할 수 있다니, 헌법은 참 힘이 세지?

헌법은 살아 있어

시대가 변하고, 그 국가의 상황이 변하면 헌법도 변해. 시대에 맞지 않는 헌법의 조항은 없애거나 수정해. 새로운 조항을 추가하기도 하지.

2025년 기준으로, 만 열여덟 살 이상인 대한민국 국민은 자기가 원하는 후보에게 투표할 수 있어.

하지만 대한민국 국민이 항상 대통령을 직접 뽑았던 것은 아니야. 제1대 이승만 대통령은 국회의원만 투표해서 뽑았고, 8~12대 대통령 선거도 국민이 대통령을 뽑을 수 없었어. 하지만 국민이 정치에 참여할 권리는 헌법에도 보장된 기본권이야. 대한민국 국민은 자신의 권리를 되찾으려고 권력을 가진 사람들과 싸웠어. 그 결과 1988년 13대 대통령부터는 국민이 직접 투표에 참여해서 대통령을 뽑게 되었어.

그런데 대한민국 헌법에는 대통령을 뽑는 방법이 정해져 있어. 그래서 대통령을 뽑는 방법을 바꾸기 위해선 먼저 헌법을 바꿔야 했어. 이렇게 헌법의 조항을 바꾸는 것을 '헌법 개정'이라고 해. 하지만 헌법은 아주 중요한 법이기 때문에 함부로 바꿀 수 없고, 바꾸는 방법도 까다로워. 무엇보다 국민이 헌법을 바꾸는 것에 찬성해야만 헌법을 바꿀 수 있지.

헌법뿐 아니라 헌법 아래에 있는 법과 제도도 바뀌지. 스마트폰이 없던 시대에는 스마트폰에 관한 법을 만들 수 없었지만, 지금은 스마트폰으로 생기는 문제를 해결하려는 법이 있어. 하지만 법을 바꾸거나 새로운 법을 만들더라도, 그 법이 헌법에 어긋나면 안 되겠지? 헌법이 모든 법의 기준이니까 말이야.

앞으로도 계속, 사회가 바뀌고 국민이 원하는 국가의 모습도 바뀔 거야. 그리고 국민이 원하는 국가의 모습은 다시 헌법으로 정리할 거야. 헌법은 국민이 원하는 국가를 만드는 설계도니까, 국민이 살던 집을 수리하거나 바꾸고 싶으면 다시 설계도를 만들어야지. 그래서 헌법에는 그 국민이 원하는 미래의 청사진이 담기게 돼. 직접 대통령을 뽑고 싶었던 국민의 소망은 헌법으로 정해지면서 현실이 되었지.

헌법의 내용이 바뀐다고 해도, 헌법이 국가에서 벌어지는 모든 일의 기준이라는 사실은 변하지 않아. 또 국가는 국민의 자유와 평등, 행복을 지켜 주어야 한다는, 헌법의 기본 정신도 변하지 않을 거야.

자, 지금까지 헌법에 대해서 알아봤어. 다음 장부터는 여러 국가의 헌법, 그중에서도 헌법 제1조를 소개할 거야. '헌법을 보면, 그 국가가 보인다.'라는 사실을 기억하며 다음 장으로 넘어가 볼까?

아메리카합중국 제1조 제1절

이 헌법에 의하여 부여되는 모든 입법 권한은

미국 연방 의회에 속하며,

연방 의회는 상원과 하원으로 구성한다.

미국이 속해 있는 북아메리카 대륙은 원래 인디언, 또는 인디오라고 불리는 원주민이 살던 곳이야. 그런데 영국, 프랑스, 스페인 같은 유럽 나라들이 아메리카를 발견한 뒤, 원주민을 몰아냈어.

남아메리카에서는 원주민을 학살하고, 수많은 문화재와 금·은·원자재를 빼앗아 갔지. 북아메리카에 온 유럽 사람들은 아예 미국과 캐나다라는 새로운 나라를 만들어 버렸어.

오늘날 미국은 세계에서 가장 강력하고 부유한 나라야. 자유민주주의를 대표하는 나라이기도 하지. 하지만 미국은 유럽과 아시아의 다른 나라들보다 훨씬 늦게 세워졌어.

처음엔 영국의 식민지였고, 1776년에 독립을 선언했지. 그리고 1787년에야 헌법을 만들면서 '미국(정식 이름: 아메리카합중국 United States of America)'이라는 나라가 되었어. 하지만 미국의 헌법은 다른 나라의 헌법에 크게 영향을 주었어.

그런데 미국 헌법이 어떻기에 다른 나라의 헌법에 영향을 준 걸까? 우리는 정말 미국을 잘 알고 있을까? 이제 미국 헌법 제1조를 통해, 미국이 어떤 나라인지 함께 살펴보자.

꿈을 실현하는 땅, 아메리카로!

유럽의 여러 국가는 동양과 무역을 하기 위해 항해 기술을 발전시켰어. 항해 기술이 발전하면서 더 많은 물건을 싣고, 훨씬 먼 곳까지 갈 수 있게 되었지. 유럽 사람들은 그동안 알지 못했던 아프리카, 아메리카, 오세아니아 같은 새로운 대륙을 알게 되었어. 그리고 영국, 프랑스, 스페인, 포르투갈, 네덜란드 같은 나라들이 그곳의 원주민을 쫓아내고 식민지를 세웠지. 특히 그중에서도 가장 강한 힘을 가졌던 나라는 영국이었어. 영국은 세계에서 가장 넓은 땅을 식민지로 만들었단다.

유럽에서 산업혁명이 일어나면서, 사람이 손으로 만들던 상품을 기계로 만들 수 있게 되었어. 이전보다 훨씬 더 많은 상품을 만들게 되었지만, 그걸 팔 곳이 부족했지. 상품을 만들 원료도 부족했어. 그래서 유럽 나라들은 식민지를 상품을 팔고, 원료를 얻는 곳으로 이용했어.

하지만 식민지는 또 다른 의미로 영국에서 살기 힘들었던 사람들에게는 희망의 땅이기도 했어.

종교가 다르다는 이유로 차별을 받았던 청교도인은 종교의 자유를 찾아 아메리카 대륙으로 떠났고, 열심히 일해도 가난을 벗어날 수 없던 사람은 부자가 될 기회를 찾아 떠났어. 그리고 사람은 평등하고, 국가는 국민을 위해 일해야 한다고 믿은 계몽주의자는 새로운 사회를 찾아 아메리카 대륙으로 향했지.

영국 사람들은 아메리카에 도착했어. 그들은 아메리카 인디언을 서쪽 땅으로 몰아내고, 척박한 땅을 개척했어. 농사를 짓고, 소와 양을 키우고, 바다에 나가 물고기와 고래도 잡았어. 스스로 개척한 땅을 차지하고, 자유롭게 종교 활동도 했지.

1607년, 버지니아에 처음으로 영국인이 마을을 세운 뒤 150년쯤 지나자 아메리카는 13개의 주가 생겨났어. 아메리카는 점점 더 큰 나라로 성장하게 된 거야.

여기서 말하는 '주 州'는 자기들만의 법과 제도, 의회와 대표(주지사)가 있는 행정구역이야. 우리가 아는 '도 道'와는 달라.

대한민국은 경기도, 강원도 같은 여러 도가 있지만, 나라 전체가 같은 법과 제도를 쓰기 때문에 연방국가는 아니야.

아메리카에도 영국 왕이 임명한 총독도 있었지만, 실제로는 각 주의 의회가 정치를 맡아서 했어.

영국으로부터 독립하자

식민지 사람들은 자유롭게 살며, 자신들이 직접 아메리카를 건설했다는 책임감과 자부심이 아주 컸어. 하지만 식민지 사람들과 본국인 영국 사이의 갈등은 점점 다가오고 있었지. 도대체 무슨 일이 있었던 걸까? 그 이유가 무엇인지 다음 쪽의 만화를 보면 이해하기 쉬울 거야.

사실 아메리카에 도착한 사람들은 영국, 프랑스, 네덜란드 같은 북서유럽 나라에서 왔어. 하지만 대부분이 영국인이었어. 아메리카에 정착한 영국인들은 13개 주로 나뉘어 살았고, 주마다 주의회도 있었어. 하지만 여전히 영국 왕을 섬기고, 영국 의회에서 만든 법도 지켰어. 영국 정부는 식민지에 이주한 영국인들이 아메리카에서 잘 살 수 있도록 많은 도움을 많이 줬어.

예를 들어 영국 정부는 인디언에게서 식민지를 보호해 주고, 프랑스 같은 다른 나라가 아메리카를 차지하지 못하게 군대를 보내 지켜 줬어. 세금도 영국 본토 사람들보다 적게 걷었고, 아메리카 사람들이 만든 물건을 많이 수출할 수 있게 도와주기도 했어.

그런데 아메리카 식민지 사람 중에는 영국의 법을 어기고 몰래 무역을 하거나, 영국의 경쟁국인 프랑스와도 몰래 거래하는 사람들도 있었어.

영국은 그런 아메리카 사람들이 괘씸했어. 하지만 영국과 아메리카는 너무 멀리 떨어져 있어서, 영국이 제대로 관리하기가 쉽지 않았지.

그러던 어느 날, 영국이 프랑스와 전쟁을 벌이게 되었어. 전쟁에는 많은 돈이 들었기 때문에, 영국은 재정이 어려워졌지. 그래서 영국은 아메리카를 비롯한 식민지에서 세금을 더 많이 걷으려 했어.

하지만 아메리카 사람들은 크게 반발했어.

"우리는 영국 의회에 대표도 없는데, 그런 의회가 만든 법을 왜 지켜야 하죠?"

그들은 이렇게 외쳤지.

"대표 없는 곳에 세금도 없다!"

결국, 1975년 아메리카 식민지와 영국 사이에 전쟁이 벌어졌어.

영국과 전쟁을 하려면, 하나로 통일된 법과 정부, 그러니까 '국가(나라)'가 필요했어. 그래서 아메리카 13개 주의 대표들이 모여 연합회의를 만들었어. 그리고 1776년 연합회의는 독립선언서를 발표하며 영국으로부터의 독립을 공식적으로 선언했지.

처음에 아메리카 사람들은 "영국 의회는 우리 일에 간섭하지 마시오!"라며 전쟁을 시작했어. 하지만 13개 주 사람들이 힘을 모아 영국과 함께 싸우는 동안 점점 이런 생각이 커졌지.

"우리는 더는 영국인이 아니다. 우리는 새로운 나라를 건설했다!"

사실, 같은 영국인이라고 하기엔 아메리카 사람들은 영국에 사는 사람들과 너무 다른 삶을 살아왔던 거야. 그리고 1781년 아메리카 식민지가 전쟁에서 승리하고 드디어 독립을 이뤘어.

미국의 헌법을 만들다

1787년, 13개 주의 대표 55명이 필라델피아에 모였어. 영국으로부터 독립한 새로운 나라, 미국의 헌법을 만들기 위해서였지. 미국 헌법은 국민 주권, 삼권분립, 기본권 보장을 담은 최초의 근대적 성문 헌법으로 평가받아.

영국은 대헌장을 시작으로 "국가는 왕 한 사람의 것이 아니다. 왕 마음대로 국가를 다스릴 수 없다."라는 생각이 생겨났고, 그 생각은 법으로 왕의 권한을 제한하는 방식으로 발전했어.

프랑스에서는 "국가는 모든 국민의 것이며, 국민은 자유롭고 평등하며, 인간의 존엄성을 존중받아야 한다."라는 사상이 제일 먼저 싹텄지.

하지만 그 생각을 실제로 실현한 나라, 그러니까 왕의 명령이 아닌, 헌법에 따라 국민이 다스리는 나라는 미국이 처음이었어. 미국인들은 국민이 직접 만든 나라, 국민이 주인이고, 국민이 자신을 스스로 다스리는 민주주의 국가를 만든 거야. 그래서 미국의 헌법은 새로운 역사를 만드는 엄청난 사건으로 남게 되었지.

미국 헌법은 다른 민주주의 국가들의 헌법에 본보기가 되었어. 2장에서 민주주의의 기본 원리를 배웠던 거 기억나지? 그중에 삼권분립은 미국의 헌법에서 시작된 제도야. 국가가 하는 일을 세 가지로 나누고, 그 일을 각각 입법부, 사법부, 행정부가 맡는 거지. 이 세 기관은 어느 한 곳이 권력을 독차지해서 독재하지 못하게 서로 견제하고, 균형을 맞추게 되어 있어.

보통은 대통령이 있는 행정부가 가장 힘이 셀 것 같지만, 헌법에서는 입법부, 사법부, 행정부가 모두 같은 힘을 가지도록 정해져 있어. 이것이 바로 권력의 균형이야.

그리고 대통령도 미국에서 처음 만들어진 제도야. 그전에는 왕이 나라를 다스렸는데, 왕은 왕자로 태어나서 죽을 때까지 왕이었지. 하지만 대통령은 국민이 뽑아야 하고, 정해진 기간만 나라를 이끌 수 있어.

또 하나 중요한 건, 국가가 헌법에 따라 운영되어야 한다는 원칙, 바로 입헌주의 또는 법치주의도 미국 헌법에서 시작되었다는 점이야.

게다가 미국은 여러 개의 '주'가 모여 만든 나라, 즉 세계 최초의 연방국가이기도 해.

이제 미국의 헌법 제1조 제1항을 살펴볼까?

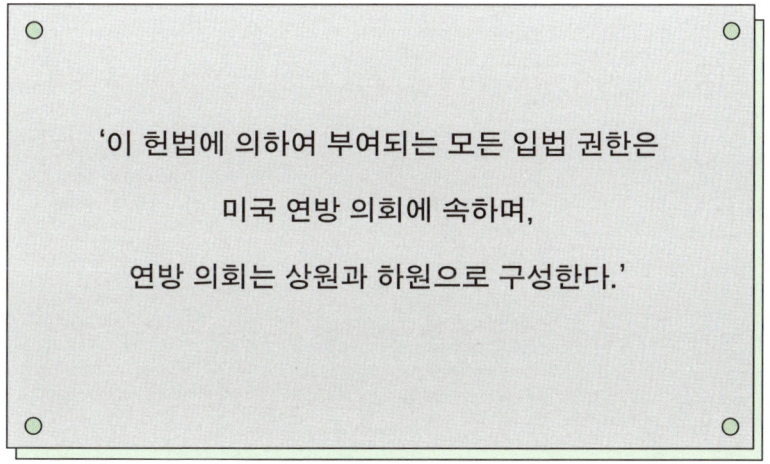

'이 헌법에 의하여 부여되는 모든 입법 권한은
미국 연방 의회에 속하며,
연방 의회는 상원과 하원으로 구성한다.'

솔직히, 이 조항을 보고 조금 당황했어. 최초의 민주주의 국가, 그것도 국민이 직접 만든 미국이잖아? 그래서 '자유, 평등, 인간의 존엄성, 민주주의' 같은 내용이 가장 먼저 나올 줄 알았거든. 그런데 미국 헌법 제1조는 놀랍게도 미국 연방 의회에 관한 내용이야.

왜 그럴까?

당시의 미국은 서로 다른 13개 주가 모여 하나의 나라를 만든 특별한 상황이었어. 그래서 "우리는 이제 하나의 나라다."라는 걸 헌법에 분명히 보여 주는 게 중요했지. 또 누가 법을 만들고, 그 권한을 어떻게 나눌 것인지도 아주 중요한 문제였어.

그래서 미국 헌법은 법을 만드는 '의회'에 대한 내용부터 시작한 거야.

미국이 영국과 독립 전쟁을 벌인 가장 큰 이유, 바로 영국 의회가 아메리카 식민지 사람들에게 가혹한 세금법을 만들었기 때문이야. 지금은 대통령과 행정부의 역할이 크지만, 처음 헌법을 만들 때만 해도 미국에서 가장 큰 힘을 가진 곳은 의회였어.

조지 워싱턴은 미국 독립 전쟁을 이끈 장군이고, 미국 초대 대통령이 되었어. 하지만 그때 미국 행정부는 대통령 1명, 부통령 1명, 그리고 공무원 몇십 명밖에 없었어.

국가를 운영하려면 돈, 그러니까 세금이 필요한데, 그때는 세금을 걷는 것도 어려웠고, 독립전쟁으로 생긴 빚도 잘 갚지 못할 정도였대.

헌법은 그 국가의 역사뿐 아니라, 그 국가가 가장 중요하게 생각하는 가치를 담고 있다고 했지? 미국 헌법 제1조는 제1항을 보면, 대통령의 힘을 줄이고 의회의 힘을 강조한 걸 알 수 있어.

왜냐하면, 영국 왕에게 맞서 독립을 이뤘는데, 또다시 왕처럼 강한 권력자가 생기면 안 되잖아. 그래서 미국은 대통령보다는 의회가 더 중요했고, 또 미국을 다스릴 힘도 13개의 주가 나누어 갖게 한 거지.

참, 기억나? 처음 만든 미국 헌법에는 국민의 권리나 자유에 관한 내용이 없었지. 왜 그랬을까? 그 당시에는 각 주의 법에서 국민의 다양한 권리를 보장하고 있었기 때문에, 헌법에 따로 적을 필요가 없다고 생각했기 때문이야.

하지만 시간이 지나면서 "국가의 가장 기본이 되는 헌법에 국민의 권리를 꼭 담아야 한다."라는 의견이 점점 많아졌어.

그래서 국민의 권리를 보장하는 헌법 조항을 따로 만들었지. 이렇게 나중에 새롭게 추가한 헌법 조항을 '수정 헌법 (Amendments)'이라고 불러.

우리가 앞에서 배웠듯이, 시대가 바뀌면 헌법도 바뀔 수 있어.

하지만 미국은 처음에 만든 헌법을 바꾸지 않아. 대신, 새로운 내용을 추가하는 방식으로 바꾸지. 그 이유는 미국이라는 나라를 처음 만들었을 때의 독립 정신을 잊지 않기 위해서야.

자, 이번에는 독일의 헌법을 만나 볼까.

독일연방공화국 기본법 제1조

제1항 인간의 존엄은 불가침이다.
이를 존중하고 보호하는 것이
모든 국가 권력의 의무이다.

독일은 미국, 중국, 일본, 영국 같은 국가보다는 조금 낯설게 느껴질 수도 있어. 보통은 '축구를 잘하는 나라' 정도로 알고 있지?

하지만 사실 독일은 대한민국과 비슷한 점이 꽤 많아. 예를 들어, 대한민국의 헌법은 독일 헌법의 영향을 많이 받았어. 또 독일도 제2차 세계대전을 겪은 뒤, "대한민국(자유민주주의 국가)"과 "북한(공산·사회주의 국가)"이 분단된 것처럼, 서독과 동독으로 나뉘었지.

독일 헌법 제1조를 보면, 헌법이 만들어졌던 그 당시의 독일의 상황을 알 수 있어. 더불어 왜 독일이 서독과 동독으로 나뉘었는지도 짐작할 수 있지. 그렇다면, 독일 헌법은 어떤 이야기를 품고 있을까? 지금부터 함께 살펴보자!

국민이 행복해야 해, 바이마르 헌법

독일은 세계에서 부유하고, 문화적으로 앞선 나라 중 하나야. 하지만 과거의 독일은 작은 연방 국가들이 모인 지역이었어. 그러다 1871년, 프로이센의 주도로 독일 제국이 탄생하면서 하나의 통일된 국가가 되었지.

비슷한 시기에, 영국은 대헌장을 시작으로 명예혁명(1688년에 영국에서 피를 흘리지 않고 평화롭게 전제 왕정을 입헌 군주제로 바꾸는 데 성공한 혁명)까지 거치면서 왕의 권한이 점점 줄어들고, 국민의 대표인 의회가 권력을 갖게 되었지. 프랑스는 프랑스 대혁명으로 왕을 몰아내고 공화국을 세웠고.

하지만 독일은 훨씬 늦은 1871년에, 그리고 황제가 다스리는 제국의 모습으로 하나의 나라가 된 거야.

하지만 서로 경쟁하며 전쟁을 일삼던 독일 연방들이 하나로 뭉치자, 독일제국은 다른 어느 나라보다 빠르게 발전했어.

그 당시 유럽은 식민지 경쟁이 한창이었어. 아메리카, 아시아, 아프리카 같은 다른 대륙을 침범해 식민지로 만들고 있었지. 이미 강대국들은 많은 땅을 차지하고 있었지. 하지만 강대국들은 식민지를 더 차지하고 싶었어. 이제 남은 방법은 다른 나라의 식민지를 빼앗는 것이었지. 그래서 식민지를 빼앗는 싸움이 시작된 거야. 독일제국도 마찬가지였어. 늦게 통일된 만큼, 식민지 경쟁에서 뒤처지지 않으려고 애썼지.

그러던 중, 동맹국인 오스트리아의 황태자가 사라예보에서 암살당하는 사건이 일어났어. 독일은 오스트리아의 복수를 돕겠다며, 러시아·영국·프랑스 등을 상대로 전쟁을 시작했지.

하지만 사실 복수는 핑계일 뿐이었어. 진짜 목적은 다른 나라의 식민지를 빼앗고 싶었기 때문이야. 이 전쟁이 바로 제1차 세계 대전이야. 하지만 독일제국은 전쟁에서 패배하고 말았어. 독일제국의 황제는 네덜란드로 도망쳐 버렸지. "국가의 주인 주권자"인 황제가 사라지자, 독일제국은 더는 나라를 유지할 수 없었어. 새로운 국가를 만들어야 했던 거야.

새로운 나라를 세우기 전에 반드시 해야 하는 작업이 있지? 맞아, 헌법을 만드는 거야. 독일도 서둘러 헌법을 만들었어. 이 헌법이 바이마르 헌법이야. 바이마르 헌법은 독일이 대통령을 중심으로 한 공화국이라고 선언했어. 이제 독일도 왕·황제가 아닌, "국민이 나라의 주인 주권자"이 된 거야.

바이마르 헌법 1조는 '독일제국은 공화국이다. 국가의 권력은 국민에게서 나온다.'야. 많이 들어 본 말이라고? 그럴 거야. 대한민국 헌법 제1조와 비슷하니까.

바이마르 헌법의 가장 특징은, 당시 어느 나라보다도 국민의 권리를 중요하게 여겼다는 점이야. 물론, 그때 다른 국가의 헌법에도 물론, 그때 다른 나라 헌법에도 자유롭게 살 권리, 재산을 빼앗기지 않을 권리 재산권 같은 내용은 있었어. 하지만 바이마르 헌법에는 국민은 더 많은 권리를 누려야 한다고 적었어. 사람이 살아가는 데 꼭 필요한 권리를 기본권이라고 하는데, 자유와 재산권 정도로는 부족하다고 여겼지. 즉 기본권을 더 넓게 보고, 국민이 행복하게 살아야 한다는 걸 강조했지.

국가의 주인이 국민인데, 주인이 행복하지 않으면 국가는 아무 소용이 없잖아. 그래서 바이마르 헌법은, 국민이 행복하게 살도록, 즉 인간다운 삶을 살 수 있도록 국가가 보장해야 한다는 거야. 이후에 바이마르 헌법은 '복지국가 헌법'의 본보기가 되었어.

장점이 많은 헌법이었지만, 바이마르 헌법에는 심각한 문제점도 있었어. 대통령에게 너무 큰 권력을 준 거야. 예를 들어, 의회를 해산할 수 있는 권리, 그리고 비상 조치권(긴급 명령권)이라 불리는 힘을 주었지.

대통령이 그런 힘을 가지는 게 뭐가 문제냐고? 원래 국민의 대표인 의회가 법을 만드는 게 민주주의야. 그런데 대통령이 의회를 해산하고, 혼자서 법을 만들게 된다면? 그건 바로 독재가 되는 거야.

미국 헌법을 떠올려 보자. 미국은 권력을 나누고, 여러 주가 나라를 함께 다스리는 방식으로 대통령이 독재자가 되는 걸 막고 있어.

이런 걸 생각해 보면, 바이마르 헌법의 위험한 부분이 왜 문제인지 더 잘 알 수 있을 거야. 특히 이 문제는, 바이마르 헌법의 영향을 받은 대한민국 헌법 초안에서도 비슷하게 나타났던 부분이야.

인간의 존엄성을 빼앗은 히틀러와 나치당

　제1차 세계대전을 일으킨 독일은 전쟁에서 패배한 대가로 외국 식민지를 모두 빼앗기고, 이긴 나라에 엄청난 배상금을 내야 했어.
　그러던 중, 세계 경제도 크게 무너졌어. 기업은 문을 닫고 많은 사람은 직장을 잃었지. 독일인들은 매우 비참한 생활을 해야 했어. "손수레에 돈을 가득 실어야 겨우 빵 한 개를 살 수 있었다."라는 말이 있을 정도였지. 독일인들은 점점 절망에 빠졌어. 국민의 고통을 해결하지 못하는 정부에 대한 분노, 너무 많은 배상금을 요구한 다른 나라들에 대한 분노가 점점 커져 갔어.
　절망과 분노에 빠진 독일인들 앞에, 히틀러와 나치당이 나타났어.
　히틀러는 이렇게 말했지.
　"독일이 망하고, 독일인이 고통을 당하는 건 유대인과 공산주의자, 정치인들 때문이야."
　그리고 또 이렇게 외쳤어.

"독일 민족이 세계에서 가장 위대하다!"

희망을 잃고 절망에 빠지면, 사람들은 '다른 사람'을 탓하고 싶어지나 봐. 독일인들은 히틀러에게 열광했어. 독일인들은 히틀러만이 독일을 강하고 부유한 나라로 만들 수 있다고 믿었어. 그래서 히틀러를 총통(대통령)으로 뽑았어.

히틀러는 국회를 없애고, 국회의 모든 권력을 독차지했어. 그야말로 독재자가 된 거야. 그런데 놀라운 건, 이 모든 일이 헌법을 어기지 않고 벌어졌다는 거야. 그만큼 어떤 헌법을 만드는지는 중요하지.

히틀러는 이렇게 주장했어.

"위대한 독일 민족은 전 세계를 지배해야 한다!"

그리고 독일은 다시 전 세계를 향해 전쟁을 시작했어. 바로, 제2차 세계대전이야. 이 전쟁에서, 히틀러와 나치당, 그리고 그들을 따르던 독일인들은 정말 끔찍한 일을 저질렀어. 수많은 유대인이 희생되었지. 그중 한 유대인 소녀가 있었어. 그 아이는 숨어 지내며, 자신이 겪은 고통을 일기에 써 내려갔어. 그 일기가 바로, 세계적으로 유명한 책인 『안네의 일기』야.

이 책을 읽어 보면, 히틀러와 나치가 어떤 무서운 일을 했는지 조금은 알 수 있을 거야.

안네와 가족, 친구들은 오직 '유대인'이라는 이유로 죽임을 당했어. 히틀러는 유대인 외에도 슬라브족, 집시, 동성애자, 장애인 등은 지구에서 사라져야 한다고 믿었어. 이렇게 약 1,100만 명이 강제 수용소로 끌려가 목숨을 잃었어.

그 시절, 독일인들 사이에서는 '모든 사람이 자유롭고 평등하며, 인간으로서 존엄한 존재'라는 믿음이 사라지고 말았어.

반성문 같은 독일의 기본법

독일인 대부분은 히틀러와 나치당의 명령에 따랐어. 전쟁터 나가 군인이 되고, 전쟁에 필요한 무기를 만들고, 어린이들까지 히틀러와 나치당을 찬양하게 되었지. 그 결과 73,603,000여 명이 전쟁에서 목숨을 잃었어.

1945년, 독일은 연합군에 항복했어. 독일과 싸운 연합국, 즉 미국·소련·영국·프랑스의 대표들이 독일에 모였지. 전쟁으로 잿더미가 된 독일을 다시 일으켜 세우고, 독일이 다시는 전쟁을 일으키지 못하게 막을 방법을 찾으려 했지.

그런데 생각의 차이가 있었어. 미국, 영국, 프랑스는 독일을 자유민주주의 국가로 만들고 싶어 했고, 소련은 독일을 공산주의 국가로 만들고 싶어 했지. 결국, 독일은 자유민주주의 국가인 서독, 공산주의 국가인 동독으로 나뉘었어.

1949년 서독의 대표들이 모여 임시 헌법을 만들었어. 왜 정식 헌법이 아니라 임시 헌법이냐고? 그건 동독과 통일이 되면, 그때 정식으로 헌법을 만들려던 거야. 서독의 임시 헌법의 정식 이름은 '독일연방공화국 기본법'이야. 줄여서 그냥 '기본법'이라고도 불러.

이제 서독의 기본법 제1조 1항을 살펴보자.

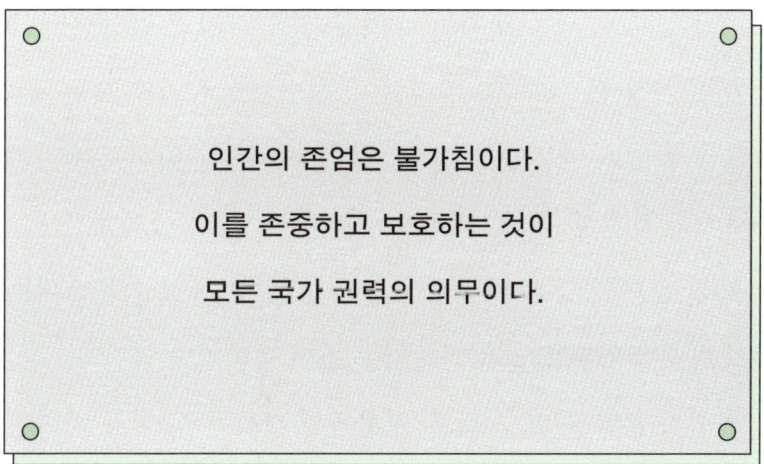

인간의 존엄은 불가침이다.
이를 존중하고 보호하는 것이
모든 국가 권력의 의무이다.

왜 독일 기본법의 첫 번째 내용이 '인간의 존엄성'에 대한 것일까? 제2차 세계대전이 끝나자 독일인들은 경악했어. 그동안 자신들이 히틀러와 나치당의 명령을 따르며 얼마나 끔찍한 범죄를 저질렀는지 깨달았지. 독일인은 이웃인 유대인, 장애인, 종교인 등을 집단 학살했어. 죄책감도 느끼지 않았지. 왜냐하면, '독일 민족은 가장 위대한 민족이다.'라고 믿고 있었기 때문이야. 전쟁이 끝난 뒤, 독일뿐 아니라 유럽 전체가 잿더미가 된 상황을 보고서야 독일인들은 비로소 자신들이 얼마나 큰 잘못을 저질렀는지 몸서리치며 반성하게 되었어. 어쩌면, 독일인들도 히틀러에게 속고, 그의 거짓말에 이용당한 피해자였을지도 몰라.

그래서 새로 세운 국가는 무엇보다 '인간의 존엄성'을 보호하는 것이 가장 중요하다고 생각했어. 헌법으로 국가의 모든 권력을 제한할 수 있게 만들었지. 다시는 히틀러처럼 잔악한 독재자가 나타나지 못하게 한 거야. 서독의 기본법은 제2차 세계대전을 일으킨 독일 국민의 깊은 반성문과 같아. 그리고 독일 기본법에는 언젠가 다시 통일된 독일을 만들자는 소망도 담겨 있었단다.

독일이 분단된 뒤, 서독은 세계에서 잘사는 나라 중 하나가 되었어. 하지만 공산주의 국가였던 동독은 경제 사정이 좋지 않았어. 서독으로 탈출하는 동독인이 많았지.

결국, 1990년 서독과 동독은 통일했어. 헌법이 시대와 상황에 맞춰 변한다고 했지? 그래서 통일된 독일도 헌법을 바꿔야 할 것 같았어. 하지만 독일은 서독의 기본법을 그대로 정식 헌법으로 사용하기로 했어.

단, 동독의 수도였던 베를린을 통일된 독일의 수도로 결정했다는 것, 서독의 임시 헌법이었던 기본법이 독일 전체를 아우르는 정식 헌법이라는 내용만 덧붙였지.

통일된 독일은 한동안 혼란스러웠고, 경제 상황도 나빠졌어. 서독과 동독의 생활 수준이 너무 달랐거든. 그럴수록 독일인은 서로를 이해하고, 타협하려고 노력했어. 1장에서 배운 것 기억나? "정치란, 서로 다른 사람들이 함께 의논하며 문제를 해결하는 과정"이었지? 독일은 그 '정치'를 잘했나 봐. 지금의 독일은 다시 유럽을 대표하는 선진국이 되었거든.

6 일본

일본국 헌법 제1조

천황(덴노)은, 일본국의 상징으로

일본 국민통합의 상징이며,

이 지위는, 주권이 존재하는 일본 국민의 총의에 기초한다.

대한민국 사람들에게 일본은 가깝고도 먼 나라가 아닐까? 거리로는 제일 가깝지만, 우리에게 가장 큰 고통을 준 나라가 일본이기 때문일 거야. 지금도 독도를 일본 땅이라 우기고 있어서 괘씸한 나라이기도 하지. 그래서 일본과 경쟁을 하면 더 이기고 싶어지고 말이야. 하지만 2002년 한일월드컵처럼 우리와 뗄 수 없이 가까운 나라가 일본이기도 해.

대한민국, 일본, 중국은 비슷한 듯하면서도 아주 달라. 이웃 나라와 이렇게 다른 나라들도 없을 거야. 개성이 강한 나라들이라고나 할까? 특히 정치 체제가 다르지. 친구들도 알다시피 대한민국은 자유민주주의 공화국이고, 중국은 대표적인 사회주의 국가야. 그럼 일본은 어떻게 다를까? 일본의 헌법 제1조만 봐도 알 수 있지.

일본의 천황은 누구일까?

일본은 천황이 있어. 헌법도 있지. 영국처럼 헌법을 만들어 지키는 입헌주의 국가야. 하지만 일본의 천황은 다른 나라의 왕이나 황제와는 많이 달라. 그리고 일본을 이해하기 위해서는 먼저,

천황에 대해 알아야 할 만큼 천황은 일본에 중요한 존재야. 그래서 『일본국 헌법』 제1조는 천황이 어떤 존재인지를 정하고 있어.

일본에 언제부터 천황이 있었는지, 다음 쪽의 만화로 소개할게.

다음 쪽의 만화를 보면 알겠지만, 일본의 덴무 천황은 서기 673년부터 686년까지 나라를 다스렸어.(이때 나라는 부족 연합에 가까운 형태였음) 덴무 천황은 천황과 황실의 권위를 높이기 위해 '천황은 신의 후손'이라고 주장했지.

다른 나라 왕들은 "나는 신이 선택한 왕이다"라고 말했지만, "내가 곧 신이다."라고 말한 왕은 거의 없었어.

일본의 천황은 직접 국가를 다스리는 왕이면서, 종교적인 신으로도 여겨졌어. 정치와 종교에서 가장 높은 자리에 있었던 거야.

천 년의 시간 동안 천황은 점점 힘을 잃고, 무기력한 존재가 되었어. 군대를 맡긴 무신(무사 출신 지도자)들이 천황을 무시하고, 직접 일본을 다스렸거든. 임진왜란을 일으킨 도요토미 히데요시와 그의 뒤를 이어 일본을 통일한 도쿠가와 이에야스처럼 말이야.

아시아에서 가장 먼저 근대국가로 발전한 일본

1853년 미국의 페리 제독이 군함 4척을 이끌고 일본에 도착했어. 일본인들은 검은 연기를 뿜는 군함이 너무나 두려웠어. 결국, 미국의 요구를 다 들어주었지. 그러자 서양의 다른 나라들도 일본에 찾아와 이런저런 요구를 하는 거야.

이번엔 일본도 물러서지 않고 싸웠어. 하지만 신식 무기로 무장한 서양의 군대를 이길 수는 없었지. 일본 정치인들은 어려움을 해결할 방법을 찾기 시작했어. 그리고 천황을 기억해 냈어. 이들은 '천황은 신이다. 일본은 신의 나라이다. 그러니 천황의 말에 절대복종해야 한다.'고 주장했어.

온 국민이 단결해서 일본을 새롭게 만들려면, 강력한 권력을 가진 천황이 필요했던 거야.

일본은 개혁을 시작했어. 서양 문물을 받아들여서, 무신들이 다스리는 농경사회를 상공업국가로 바꿨지. 일본인들은 천황의 명령에 복종하며, 열심히 새로운 사회를 만들었어. 아시아에서 최초로 헌법도 만들었어. 헌법은 제일 먼저 천황의 지위를 정했어. 제1조 '대일본제국은 만세일계의 천황이 이를 통치한다.'를 시작으로, 천황은 신이고 일본 최고의 권력자라는 내용이야. 일본의 영토와 국민은 모두 천황의 것이었어. 그동안은 힘 있는 무신들이 저마다 자기 지역을 다스려서 일본은 단합할 수 없었어. 하지만 이제는 오직 천황만이 권력을 가지고 일본을 다스릴 수 있게 되었지.

천황을 중심으로 똘똘 뭉쳐서, 일본은 빠르게 성장했어. 상업과 공업이 발달했고 강력한 군대도 만들었지. 군대가 강해지자 다시 군부(군의 우두머리들)가 천황을 무시하고 일본의 권력을 차지했어. 이미 일본은 미국, 영국 등의 강대국도 함부로 할 수 없을 만큼 강한 국가가 되어 있었지.

권력을 차지한 군부는 가장 가까운 조선을 욕심냈어. 서양 강대국들이 힘없는 나라들을 빼앗아 식민지로 삼는 것을 따라 한 거야. 마침 제1차 세계대전이 터지고, 일본은 유럽 여러 국가에 전쟁 물품을 팔아서 엄청난 돈을 벌었어. 이제 일본은, 중국까지 넘보며 아시아에서 가장 강한 나라가 되었어.

일본의 욕심은 끝이 없었어. 식민지를 넓히기 위해, 온 국민을 전쟁으로 몰아넣었지. 이 모든 것은 '천황의 명령'으로 이루어졌어. 일본 사람들은 천황의 명령에 따라 목숨을 바쳐 싸운 거야. 하지만 천황은 군대를 가진 군부의 명령에 따를 수밖에 없었어. 천황의 국가라는 말과는 달리, 일본은 군부의 독재 국가가 되어 있었어.

독일이 제2차 세계대전을 벌이자, 일본은 독일, 이탈리아와 동맹을 맺었어. 조선과 중국, 만주뿐 아니라 유럽 국가들의 식민지도 탐이 났거든. 그러자 미국이 일본에 항의했어. 만주는 가지되, 중국에서는 물러나고, 독일과 이탈리아와 동맹을 깨라고 요구했지.

일본국 헌법을 만들다

기고만장해진 일본이 미국의 말을 들을 리 없었어. 일본은, 선전포고도 없이, 미국의 하와이를 공격했어. 그동안 독일과 이탈리아와 싸우던 유럽 국가들이 미국에 도와 달라고 했지만, 미국은 전쟁에 참여하지 않고 있었어. 하지만 일본이 공격하자, 미국도 전쟁에 뛰어들 수밖에 없었지.

미국이 전쟁에 참여하자, 전쟁의 상황은 바뀌었어. 독일과 이탈리아는 유럽과 미국 등의 연합군에 항복했어. 하지만 일본은 끝까지 저항했어. 1945년 8월, 미국이 일본 히로시마와 나가사키에 원자폭탄을 떨어뜨렸어. 결국, 일본은 1945년 8월 15일 항복했어.

미국의 맥아더가 연합군 사령관으로 일본을 장악하고, 일본을 새로운 나라로 바꾸기 시작했어. 그는 일본의 천황 제도가 문제라고 생각했어. 천황이 명령만 하면, 일본인들은 언제든지 목숨을 걸고 세계를 향해 전쟁을 벌일 수 있다고 생각했지. 그래서 천황을 신이라고 믿는 일본인의 믿음을 깨려고 했어. 결국 1946년, 천황은 '나는 신이 아니다. 인간이다.'라고 선언했어. 일본인들은 큰 충격을 받았지. 하지만 이 선언은, 일본이 진정한 자유 민주주의 국가로 변하는 첫걸음이었어.

1946년 11월, 『일본국 헌법』이 공포되었어. 최초의 일본 헌법과 마찬가지로 첫 부분은 '천황'을 다루고 있어. 하지만 그 내용은 많이 달라졌어. 헌법 제1조도 '천황은 일본국의 상징으로 일본 국민 통합의 상징이며, 이 지위는, 주권을 갖는 일본 국민의 총의에 기초한다.'고 바뀌었어.

지난 헌법은 천황이 일본의 주권을 가지고 있다고 선언했지만, 새 헌법은 일본 국민이 주권을 가지고 있고, 천황은 단지 일본의 상징일 뿐이라는 거야.

그런데 왜 연합군은 천황이란 자리를 없애지 않았을까? 그 이유는, 그동안 천황을 신이라 믿고 의지했던 일본인에게 너무 큰 상처를 주지 않기 위해서라고 해.

『일본국 헌법』은 '평화 헌법', '맥아더 헌법'이라고도 불려.

'평화 헌법'이라고 하는 이유는, 일본은 영원히 전쟁을 포기하고 군대를 만들지 않는다는 헌법 조항 때문이야.

'맥아더 헌법'인 이유는, 맥아더가 '천황은 권력을 가져서는 안 된다, 봉건제도를 없애고 민주주의 국가가 되어야 한다, 일본은 전쟁할 수 없다.'라는 조건을 내세웠기 때문이야.

전쟁의 상처를 딛고, 일본은 하루가 다르게 발전했어. 연합국도 일본을 도왔지. 하지만 다시 경제 강국이 되자 일본은 다시 군대를 만들었어. 전쟁을 할 수 있는 국가로 바꾸기 위해 법을 만들고, 헌법까지 바꾸려고 해. 한국, 중국, 러시아 등과 영토 분쟁도 일으키고 있지.

2014년, '평화 헌법'이라고 불리는 일본 헌법이 노벨평화상 후보가 되었어. 일본이 '평화 헌법'을 기억하기 바라는 마음 때문일 거야. 일본의 헌법은 어떻게 바뀔까? 설마 다시 다른 국가를 식민지로 빼앗는 제국주의 헌법으로 바뀌는 것은 아니겠지?

7

중국

중화인민공화국 헌법 제1조

중화인민공화국은 노동자 계급이 지도하고,

노동자와 농민 연맹을 기초로 하는

인민 민주주의 전제정치의 사회주의 국가이다.

중국은 아주 오래되고 수준 높은 문명을 가진 나라야. 그만큼 긴 역사를 자랑하는 나라지. 넓은 영토에 수많은 민족이 함께 사는 강력한 힘을 가진 나라이기도 해. 중국은 우리나라와 가장 오랫동안 관계를 맺어 온 나라야. 중국을 통해 불교가 우리나라에 건너왔어. 문화도 많은 영향을 주고받았지. 불과 100여 년 전만 해도 우리나라와 가장 가까웠던 중국이지만, 지금은 중국과 우리나라는 많이 달라. 중국은 어떤 나라가 된 걸까? 중국의 헌법으로 알아보자.

아시아의 호랑이, 청나라가 무너지다

18세기(1701~1800년)의 중국은 여진족(만주족)이 세운 청나라가 다스리고 있었어. 원래 중국 땅에 살던 민족은 한(漢)족인데, 여진족이 한족의 나라인 명나라를 멸망시키고 청나라를 세운 거야. 청나라는 조선을 침범한 병자호란을 일으킨 나라이기도 해. 청나라는 아시아에서 가장 강력한 나라였고, 청나라의 왕은 황제로 불렸어.

서양 여러 나라는 산업혁명에 성공하면서 산업 기술을 빠르게 발전시키고, 큰 성장을 이루었어. 하지만 그때 대부분의 아시아 국가는 아직도 왕(청나라는 황제)을 섬기고 농사를 지으며 살아가고 있었지.

그 사이, 발달한 무기로 무장한 서양군대가 아시아, 아프리카, 아메리카의 여러 나라를 침략하기 시작했어. 이렇게 군대를 앞세워 강제로 다른 나라의 땅과 재산을 빼앗는 나라를 '제국주의 국가'라고 해.

아시아 국가 중에서 일본은 서양 문물을 빠르게 받아들이고 발전했지만, 대부분의 나라는 낯설고 새로운 서양 문화를 받아들이기를 꺼렸어. 청나라 역시 마찬가지였어. 당시 청나라의 상황을 만화로 꾸며 봤어.

넓은 영토, 많은 국민, 풍부한 자연과 수천 년을 이어온 화려한 문화를 가진 청나라였지만, 영국과의 아편전쟁에서 어이없게 지고 말았어. 게다가 오랑캐라고 무시했던 일본과의 전쟁에서도 지고 말았어. "호랑이처럼 무서운 나라인 줄 알았더니, 청나라는 종이호랑이였다."라고 무시를 당했지. 청나라 사람들은 큰 충격을 받았어. 청나라가 세계에서 가장 강한 나라인 줄 알았는데, 제국주의 국가들의 먹잇감이 된 약한 나라였던 거야.

청나라가 아편전쟁에서 지자, 서양 제국주의 국가들과 일본은 마음 놓고 청나라의 땅과 재산을 빼앗기 시작했어. 그 결과, 청나라 백성들의 생활은 매우 비참해졌지. 하지만 청나라 조정은 제국주의 국가의 침략을 막는 것조차 버거웠기 때문에, 백성들의 고통을 살필 힘이 없었어. 그렇게 시간이 흐르면서, 청나라를 향한 백성들의 원망과 분노는 점점 커졌어.

결국, 1911년 여러 지역에서 청나라를 무너뜨리려는 '신해혁명'이 일어났어. 그리고 이듬해인 1912년 청나라의 마지막 황제 푸이가 황제 자리에서 물러나고 청나라는 역사 속으로 사라지게 되었지. 그 뒤에, 아시아에서 처음으로 '국민이 주인인 나라', 즉 "중화민국"이 세워졌어. 그리고 지금까지도 '중국의 아버지'라 불리는 쑨원이 중화민국의 첫 번째 총통이 되었단다.

새로운 국가를 세웠지만, 중국의 고통은 계속되었어. 여전히 제국주의 국가들이 중국을 집어삼키려고 하고 있었으니까. 게다가 새로운 중국을 어떤 나라로 만들 것인지에 관해 생각이 저마다 달랐어.

중화민국은 쑨원이 이끄는 국민당이 다스리고 있었어. 그런데 중국을 공산주의 국가로 만들기를 바라는 사람들도 있었지. 그래서 1921년에 그들은 중국 공산당을 만들었어.

이처럼 서로 생각은 달랐지만 중국을 침략하려는 일본을 몰아내기 위해, 국민당과 공산당은 힘을 모아 싸웠어.

사회주의국가가 된 중국

일본이 중국에서 물러나자 상황은 바뀌었어. 이제 국민당과 공산당이 정권을 차지하기 위해 본격적으로 싸우기 시작했어.

그 당시에는 국민당이 훨씬 강했고, 미국도 국민당을 도와서 중국이 공산주의 국가가 되지 않도록 하려고 했지. 하지만 중국 국민은 국민당을 그다지 좋아하지 않았어. 왜냐하면, 국민당 관리들의 부정부패가 심했고, 국민들의 삶은 여전히 비참했기 때문이야.

반면에 공산당의 인기는 나날이 높아졌어. 마오쩌둥이 이끄는 중국 공산당은, 농민이 국가의 중심이라 생각했어. 중국 국민의 80% 이상이 농민이었는데, 대부분은 자기 땅이 없는 소작농이었지.

그동안 중국은 황제의 나라였잖아. 모든 땅이 황제의 것이었고, 과거에 합격해서 관리가 된 사람만이 황제로부터 땅을 받을 수 있었어.

그래서 일반 백성은 땅을 가질 수 없었고, 농민은 일 년 내내 농사를 지어도 대부분의 수확물을 땅 주인에게 바쳐야 했어. 땅 주인은 농사를 짓지 않고도 점점 부자가 되었지.

공장에서 일하는 노동자도 마찬가지였어. 일은 노동자가 하는데, 돈은 대부분 사장이 가지고 갔으니까.

공산당은 땅 주인과 부자에게 땅과 재산을 빼앗아서 농민과 노동자에게 나누어 주었어. 또 농민을 보호하고, 친절하게 대했지.

2,000여 년 동안 땅을 가져 본 적 없는 농민들은 공산당을 열렬히 지지했어. 농민들은 앞다투어 공산당에 가입했고, 군대에 식량을 보내고, 직접 공산당 군인이 되어 싸우기도 했어. 또 국민당에 대한 정보를 몰래 공산당에 알려주기도 했지. 세계에서 가장 먼저 공산주의 국가가 된 소련도 중국 공산당을 도왔어.

결국, 농민들이 응원한 공산당이 국민당을 몰아냈어. 1949년 10월, 중국 공산당은 "중화인민공화국"을 세웠어. 그리고 1954년, 『중화인민공화국 헌법』을 만들었어.

"어? 헌법을 먼저 만들고 국가를 세워야 하는 거 아니야?"라고 생각했니? 와, 정말 잘 알고 있구나. 그런데 중국은 이미 1949년에 '임시 헌법'을 만들었거든. 그 헌법에 맞춰 국가를 세웠고, 5년 뒤에 '정식 헌법'을 만든 거야.

그럼 이제, 『중화인민공화국 헌법』 제1조를 함께 살펴보며, 중국은 스스로 어떤 나라라고 생각하는지 알아보자!

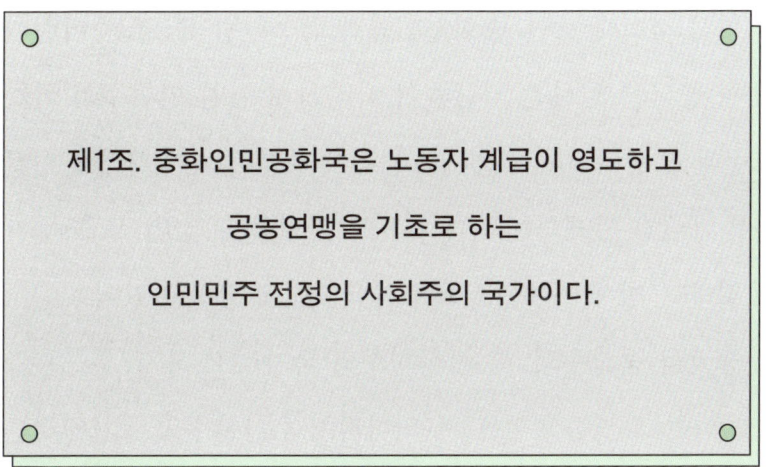

제1조. 중화인민공화국은 노동자 계급이 영도하고 공농연맹을 기초로 하는 인민민주 전정의 사회주의 국가이다.

앞에서 살펴본 다른 나라 헌법보다, 중국 헌법의 글이 조금 더 어렵게 느껴지지? 자, 하나씩 풀어 보자!

먼저, 중국의 정식 이름은 '중화인민공화국'이야. 여기서 '공농연맹'은 말은 노동자와 농민이 함께 힘을 합쳐 만든 조직이라는 뜻이야. '인민민주'는 국민이 나라의 주인인 민주주의 국가라는 거야. 다음에 '전정 專政'이라는 단어도 나와. 이건 조금 어려운데, 전정은 말 그대로 '특정한 계급이 권력을 독점하는 정치', 즉 '독재 정치'를 뜻해. 마지막으로 '사회주의'는 공장에서 일하거나 농사를 지을 때 필요한 '생산 수단'을 함께 소유하고, 그 생산물을 모두가 나누어 가지는 제도를 말해.

다시 정리해 보면, 중화인민공화국의 헌법 제1조는 이런 내용이야. 중국은 일하는 사람들이 나라의 주인인 민주주의 국가야. 그런데 그 안에서는 노동자와 농민이 중심이 되어 나라를 이끌고, 다른 계급을 통제하는 독재 정치도 함께 하고 있어. 또 모두가 함께 일하고, 함께 나누는 사회주의 국가라고 말하고 있어.

중국을 공산주의, 혹은 사회주의 국가라고 하지? (공산주의와 사회주의는 비슷한 말이야.) 우리나라처럼 자본주의 국가에서는 땅이나 공장 같은 생산 수단을 개인이 가질 수 있어. 예를 들어, 내가 농민이라면, 논과 밭은 내 것이고, 거기서 나온 농산물도 모두 내 것이야. 또는 내가 공장 주인이라면, 공장도 내 것, 공장에서 나오는 수입도 내 것이 되지.

하지만 중국과 같은 사회주의 국가에서는 그렇지 않아. 땅과 공장은 개인의 것이 아니야. 중국 국민 전체의 것, 즉 '우리 모두의 것'이야.

그럼 어떻게 먹고살까? 농민은 함께 모여 같이 농사를 짓고, 수확한 농산물을 함께 나눠 가져. 노동자는 공장에서 함께 일하고, 같이 월급을 받는 구조야.

중국 헌법 제1조를 다시 보면, 조금 이상하다고 느껴지지 않니? 지금까지 우리가 살펴본 다른 나라 헌법은 "국민에게 주권이 있다.", 즉 "국민이 나라의 주인이다."라고 했잖아.

그런데 중국 헌법은 이렇게 말해.

"노동자와 농민에게 주권이 있다."

이게 바로 사회주의 <공산주의> 국가의 특징이야. 사회주의 국가는 직접 일하는 사람들, 즉 노동자와 농민이 나라를 이끌어야 한다고 생각해.

반면에, 자기는 일하지 않고 다른 사람이 일한 것을 받아서 사는 사람들, 예를 들어 땅 주인이나 공장·회사 사장은 사회주의에서 바람직하지 않은 사람으로 여겨져.

그래서 사회주의 국가, 중국은 노동자와 농민에게 주권이 있고 그들이 독재하는 나라야.

강하고 부유한 나라로 발전한 중국

처음엔 중국 국민은 함께 일하고 소득을 함께 나누는 사회주의 방식이 마음에 들었어. 왜냐하면, 예전처럼 농사를 지어서 땅 주인에게 바치는 것보다는 훨씬 많이 가질 수 있었기 때문이야.

하지만 시간이 지나자 문제가 드러났어. 다른 사람보다 훨씬 열심히 일해도, 받는 임금은 똑같았거든. 그러니까 점점 열심히 일하려는 마음이 줄어들었어.

공장의 노동자도 마찬가지였지. 누가 더 많이 일해도, 결과는 모두 같았기 때문에 일할 의욕이 점점 사라진 거야.

그 결과, 중국은 다시 가난해졌고, 수천만 명이 굶어 죽는 끔찍한 상황까지 벌어졌어. 그래서 중국인들은 변화를 원하게 되었어.

"나는 내가 하고 싶은 일을 하고 싶다."

"내가 일한 만큼 돈을 받고 싶다."

"남은 돈은 저축하고, 땅도 사고, 공장도 사고, 내 가게도 차리고 싶다."

이게 바로 중국 국민들이 바라게 된 새로운 삶의 모습이었어.

중국뿐만 아니라, 사회주의 국가 대부분이 경제적으로 어려움을 겪었지. 그러면서 차례차례 무너졌어.

그런데 중국은 달랐어. 덩샤오핑을 중심으로 어려움을 극복하고 새로운 길을 찾았거든. 중국 공산당은 계획 경제를 유지하면서도, 서양의 자본주의 방식도 일부 받아들이기로 했어.

이제는 개인도 재산을 가질 수 있고, 열심히 일하면 부자가 될 수 있는 나라가 되었지. 그리고 외국 기업들도 중국에서 사업을 할 수 있게 문을 열었어. 중국은 인구가 아주 많아서, 그만큼 일할 수 있는 사람(노동력)도 풍부했어. 넓은 땅과 자원도 많았고 말이야.

그 결과, 중국은 놀라운 속도로 발전하고 있어. 대한민국을 비롯한 많은 나라의 기업이 값싼 노동력, 넓은 시장, 풍부한 자원을 이용하려고 중국으로 몰려들었지.

이런 이유로 사람들은 중국을 '세계의 공장'이라고 부르기 시작했어. "값은 싸지만 품질은 조금 떨어지는 제품은 대부분 중국산이다."라는 말도 있었을 정도였지.

하지만 이제는 달라! 중국은 세계에서 가장 빠르게 경제와 과

학 기술이 발전하는 나라야. 지금은 세계 최고의 제품을 만들고, 미국 다음으로 부유한 나라로 성장했어.

중국은 경제적으로 훨씬 풍요로워졌지만, 여전히 헌법 제1조에서 밝힌 대로 사회주의 국가이고, 노동자와 농민이 중심이 되는 '전정(독재)' 국가야. 정치적으로는 공산당만 있는 일당 독재 국가이기도 해. 중국의 국가 주석도 국민이 직접 뽑을 수 없어.

경제가 발전하면서 교육받는 사람이 많아지고, 세계 여러 나라의 문화를 접하게 된 중국인들은 이제 더 많은 '자유'를 원하고 있어.

그동안은 하고 싶은 직업을 가질 수 있고, 열심히 일해서 재산을 가질 수 있는 것만으로도 만족했어. 하지만 이제는 말할 자유, 생각할 자유, 정치에 참여할 자유를 바라고 있어.

만약 중국에 변화가 생긴다면, 그 시작은 헌법이 바뀌는 것부터일지도 몰라. 과연 중국의 정치는 자유를 향해 바뀌게 될까? 아니면 지금처럼 공산당이 계속 독재하는 사회주의 국가로 남게 될까?

8

대한민국

대한민국 헌법 제1조

① 대한민국은 민주공화국이다.
② 대한민국의 주권은 국민에게 있고, 모든 권력은 국민으로부터 나온다.

지금까지 정치가 무엇인지, 국가는 왜 존재하는지, 그리고 왕이 다스리던 나라들이 어떻게 민주주의 국가로 바뀌어 왔는지를 함께 살펴봤어. 또 여러 나라의 헌법도 배웠고.

이제는 우리나라, 대한민국의 헌법을 알아볼 차례야. 대한민국의 헌법이 어떻게 만들어졌는지, 또 어떤 뜻을 품고 있는지 알게 되면, 대한민국이 어떤 나라이고, 그 안에 사는 내가 어떤 존재인지도 더 잘 알 수 있게 될 거야.

대한민국의 정식 헌법은 생각보다 오래되지 않았어. 70여 년

전, 우리가 독립한 뒤에야 만들어졌지. 민주주의 국가가 된 역사도 그만큼 짧아.

하지만 대한민국 국민은 헌법의 중요성을 잘 알고 있고, 국민의 권리와 의무도 분명히 이해하고 있어. 그래서 우리는 국가의 주인이라는 의식이 높고, 국가의 일에 내 의견을 밝히는 일에도 적극적이야.

우리나라의 이름은 대한민국이다

대한민국 헌법 제1조 ①항을 다시 읽어 볼까? '대한민국은 민주공화국이다.' 이 내용은, 우리나라의 이름이 대한민국이고, 대한민국이 민주공화국이라는 뜻이야.

1897년, 고종은 '조선'을 '대한제국'으로 바꾸고, 스스로 황제가 되었어. 당시 조선은 안팎으로 매우 힘든 상황에 놓여 있었지. 미국이 군함을 보내 일본을 위협했듯이, 일본도 조선을 위협하기 시작했거든.

1875년, 일본은 운요호라는 군함을 조선에 보내서는 트집을 잡으며 조선을 압박했어. 조선이 의지했던 청나라도 서양 제국주의 국가들과 일본 앞에서는 맥을 못 췄지.

고종의 입지는 나라 안에서도 흔들리고 있었어. 양반과 지배층이 권력과 재산을 독차지한 탓에, 백성의 불만은 커져만 갔지.

젊은 유생과 개화 관료들 사이에서는 "이제 조선이 바뀌어야 한다."는 목소리가 자라나고 있었어. 나라가 백성을 위한 것이어야 한다는 생각도 조심스럽게 퍼지기 시작했지. 예전의 질서로는 이 거센 흐름을 감당하기 어려웠어.

설상가상으로, 일본까지 조선에 들어와 백성을 괴롭히고 재산을 빼앗기 시작했지. 백성들은 살기가 너무 힘들다고 느꼈어

그래서 고종은 결심했어. 약해진 '조선'을 버리고, 새로운 나라를 세워서, 일본에 맞서려고 했어. 새로운 나라는, 새로운 이름이 필요하겠지?

고종은 '우리나라는 마한·진한·변한이 합쳐진 나라니까, '큰 한韓'이란 뜻을 가진 대한大韓으로 정하자.'라고 했어. 그리고 고종은 황제가 되었지. '대한제국'이 세워진 거야.

고종이 새로운 나라의 이름을 '한'으로 정한 데는 이유가 있어. '한'이란 이름은 단군과 관련 있어. 단군은 고조선을 마한, 진한, 변한의 세 개의 한으로 나누어서 다스렸어.

마한은 지금의 한반도 지역, 진한은 만주 지역, 번한은 요서 지역〔지금의 중국 일부 지역〕이었다고 해. 단군이 다스린 삼한〔三韓〕은 큰 나라였지.

이처럼 고종은 '한'이라는 이름이 예로부터 위대한 나라를 뜻했고, 우리 민족의 자랑스러운 뿌리를 상징한다고 생각했어.

당시 일본은 자기가 태양신의 자손이 만든 나라라고 주장하며 민족의 우월성을 내세우고 있었지.

고종도 이에 맞서, 대한제국은 하늘에서 내려온 단군이 세운 위대한 나라라는 걸 강조하고 싶었던 거야. 그래서 새 나라의 이름을 '대한〔大韓〕'으로 지은 거라고 해.

'한'이란 이름은 다르게 해석하기도 해. 어떤 학자들은 '한'은 고구려, 백제, 신라를 뜻한다고도 해.

지금은 고구려, 백제, 신라를 삼국이라고 부르지만, 예전에는 '삼한'이라고 부르기도 했대. 그래서 고종이 고구려, 백제, 신라가 하나로 통일되어 큰 나라를 이루었던 것처럼, '대한'도 크고 강한 나라가 되기를 바라는 마음으로 그 이름을 지었다는 거야.

그 외에도 다양한 해석이 있지만, 공통된 점은 있어. 바로 '한'이란 이름에는, 한반도에 있었던 여러 나라를 이어받고, 크고 강한 나라로 발전하길 바라는 소망이 담겼다는 거야.

하지만 안타깝게도, 고종의 그런 바람과는 달리, 1910년, 조선은 일본에 주권을 빼앗기고 말았어. 일본의 식민지가 된 대한제국은 역사에서 사라졌어.

대한민국 헌법의 기초가 된 상하이 임시 정부의 임시 헌법

대한의 백성들은 너무나 억울하고 분했어. 목숨을 걸고 독립운동에 나선 사람도 많았지.

그러던 중 1919년 고종 황제가 돌아가셨어. 황제가 일본인에게 독살당했다는 소문이 퍼지자, 대한인의 분노는 하늘을 찌를 듯했어.

그 분노와 독립을 바라는 마음이 3.1운동으로 터져 나왔어. 한반도 전 지역과 일본, 중국, 러시아에서도 1,500~2,000회의 만세 시위가 이어졌고, 참여한 사람도 200만 명이 넘었다고 해. 일본은 총칼로 막으려 했지만, 주권을 되찾으려는 대한인의 열망은 꺼지지 않고 더 뜨겁게 타올랐어.

대한인들을 만만하게 보던 일본은 3.1운동의 거센 열기에 깜

짝 놀랐어. 전국 곳곳에서 수많은 사람이 "대한독립 만세!"를 외치며 거리로 나왔고, 그 소식은 곧 세계 곳곳으로 퍼져 나갔지.

3.1운동의 용기와 열정은 다른 나라의 식민지 사람들에게도 큰 감동을 주었어. 그래서 많은 나라에서 우리처럼 독립을 외치는 운동이 시작되었지.

3.1운동에 놀란 건 외국인만이 아니었어. 대한인들 자신도 깜짝 놀랐지. 내가 독립을 원한다고 해서, 다른 사람도 그렇게 생각하는지는 알 수 없잖아. 또, 나처럼 누군가가 목숨을 걸고 "대한독립 만세!"를 외칠 수 있을지 확신할 수도 없었어.

그런데 전국 곳곳에서, 수백만 명이 거리로 나와 함께 "독립 만세"를 외치는 걸 본 순간, 대한인들은 큰 감동을 받았어.

"나만 그런 게 아니었구나! 우리 모두가 같은 마음이었구나!"

그때부터 대한인들은 서로 더욱 믿었고, 더 힘차게 독립운동을 해야겠다는 결의를 다졌지.

3.1운동은 우리나라 역사에 아주 큰 영향을 주었어. 어떤 영향을 주었는지 아래의 만화로 알아볼까?

위의 만화에서 3.1운동의 영향으로 임시 정부가 세워졌다고 했지? 사실, 비슷한 시기에 여러 개의 임시 정부가 따로따로 세워졌어. 하지만 힘을 하나로 모아야 독립운동도 더 효과적으로 할 수 있고, 다른 나라에도 '대한민국의 대표'로 인정받을 수 있잖아. 그래서 1919년 9월 여러 임시 정부를 하나로 합쳐 상하이에 '대한민국 임시 정부'를 세우게 된 거야.

그런데 혹시 기억나? 1장에서 '국가'가 왜 필요한지 이야기했었지. 몇몇 사람이 해결할 수 없는 아주 크고 어려운 문제를 해결하려면, 국민을 이끌어 줄 국가가 꼭 필요하다고 말이야. 일본을 몰아내고, 빼앗긴 주권을 되찾는 일이 바로 그런 큰 문제였어. 그래서 대한민국 임시 정부가 필요했던 거야.

임시 정부일지라도, 새로운 국가를 세운 거니까 당연히 헌법부터 만들어야 했겠지? 상하이에 세워진 대한민국 임시 정부도 '대한민국 임시 헌법'을 만들었어.

그 헌법 제1조는 '대한민국의 주권은 대한 인민 전체에 있음'이야. 국가의 이름은 '대한'으로 하고, 이 나라를 다스릴 힘, 즉 주권은 '대한의 인민 전체', 바로 국민 모두에게 있다는 뜻이야. 그래서 '대한'과 '민국'이 합쳐져 '대한민국', 즉 국민이 주인인 나라라는 이름이 만들어진 거야.

그리고 대한민국은 '민주공화국'이야. 왕이 다스리는 나라가 아니라, 국민이 스스로 나라를 다스리거나, 국민이 뽑은 대표가 다스리는 나라라는 뜻이지.

지금 우리는 "국민이 국가의 주인이다."라는 걸 너무나 당연하게 생각하지만, 1919년에는 그렇지 않았어. 그때는 왕이 나라를 다스리는 것이 당연한 줄 알았던 시절이었거든.

그 당시 조선 사람은 왕이 다스리는 '조선'에서 살았어. 이어서 황제가 다스리는 '대한제국'을 맞았고. 그러다 나라가 일본에 의해 주권을 빼앗기면서는, 일본의 '천황'에게 복종하라고 강요받았어. "국민이 국가의 주인이다."라는 생각은 그야말로 상상도 할 수 없는 일이었지.

하지만 일본이나 미국 같은 외국에서 공부한 유학생들은 '민주주의'라는 생각을 처음으로 접했고, 깊은 감동을 받았어. 그리고 결심했지.

"새로운 나라는, 이제 왕이 아니라 국민이 주인인 나라가 되어야 해!"

그 생각은 꿈이 아니라, 정말로 '대한민국'을 세우는 일로 이어졌어.

모든 인간은 모두 평등하다고 주장하며 혁명을 일으켰던 프랑스는 왕을 몰아내고 민주주의 국가가 되었어. 하지만 곧 다시 나폴레옹을 황제로 모셨지. 일본도 서양 문물은 받아들이긴 했지만, 여전히 천황이 다스리는 나라였어.

하지만 우리는 달랐어. 다시는 왕이 다스리는 나라로 돌아가지 않았고, 국민이 주인인, 민주주의 국가인 '대한민국'을 만든 거야.

1948년 7월 17일
대한민국 헌법을 만들다

1945년 8월 15일, 대한민국은 독립을 맞았어. 하지만 곧바로 어려운 문제가 생겼지. 미국, 소련, 영국의 대표들이 모여 '대한민국을 어떻게 할 것인가?'를 논의했어.

그리고 대한민국의 새로운 정부가 만들어지기 전까지, 북쪽은 소련이, 남쪽은 미국이 맡아서 다스리기로 했어. 이렇게 임시로 나눈 38선은 원래 잠깐 쓰는 경계선이었지만, 지금까지도 사라지지 않고 있는 분단의 선이 되어 버렸지. 결국, 독일처럼 대한민국도 남한과 북한으로 분단되고 말았어.

미국은 남한만이라도 선거를 해서 국민의 대표인 국회의원을 뽑고, 헌법을 만들어 국가를 세우라고 했어.

상하이 임시 정부의 주석이었던 김구 선생님을 비롯한 민족 지도자와 독립운동가들은 미국의 요구에 반대했어. 남한만 선거를 하면 결국 남과 북이 갈라져 두 개의 나라가 되는 것 아니냐며 강하게 반대했지. 그런데도 남한만이라도 정부를 세워야 한다는 의견이 더 많았어.

1948년 5월 10일, 국민이 투표로 198명의 국회의원을 뽑았고 이들이 대한민국의 헌법을 만들었어. 그해 7월 17일, 새로운 대한민국 헌법이 공식적으로 발표되었지.

이 헌법에는 3.1운동의 독립 정신과 대한민국 임시 정부의 정신을 계승한다는 내용이 담겨 있어. 국가의 이름도 '대한민국을 계승하여 사용한다.'라고 분명히 밝혔지.

헌법 제1조 1항, "대한민국은 민주공화국이다." 이 내용 역시 1919년 상하이 임시 정부의 임시 헌장 제1조와 같은 문장이야. 또 헌법 제1조 2항 "대한민국의 주권은 국민에게 있고, 모든 권력은 국민으로부터 나온다." 이 문장은 임시 정부의 임시 헌법 제2조 "대한민국의 주권은 대한 인민 전체에 있음'과 아주 비슷하지.

헌법은 시대에 따라 달라질 수 있다고 했지? 대한민국 헌법도 지금까지 총 9번이나 바뀌었어. 이 변화는 대한민국 민주주의의 역사와 함께한 변화였지.

　민주주의가 위기에 처했을 때는, 헌법에 보장된 국민의 권리도 줄어들었어. 반대로, 국민이 민주주의를 되찾으려고 열심히 나섰을 때는 헌법에 국민의 권리가 늘어났지.

　그래서 이렇게 말할 수 있어. 대한민국의 민주주의는 그 누구도 아닌, 국민이 직접 지켜 온 거야.

　앞으로도 대한민국 헌법의 조항은 시대에 맞게 바뀔 수 있어. 하지만 헌법에 담긴 '정신'은 바뀌지 않을 거야.

　대한민국은 3.1운동 정신을 이어받은 대한민국 임시 정부에서 시작되었고, 국민이 주권을 가진 민주주의 국가라는 사실은 절대 변하지 않아.

　그래서 대통령과 정부(행정부)·국회(입법)·법원(사법부)은, 국민이 기본권을 누리며 행복하게 살 수 있도록 도우려고 존재하는 거야. 그리고 무엇보다 중요한 건, 헌법은 국민의 것이라는 사실이지.

헌법 1조, 나라의 첫 문장
- 헌법 1조 우리의 약속 -

초판 1쇄 인쇄 2025년 5월 16일
초판 1쇄 발행 2025년 5월 30일

지은이 서해경
그린이 김소희
펴낸이 나힘찬

기획총괄 김영주
디자인총괄 손현주
인쇄총괄 야진북스
유통총괄 북패스

펴낸 곳 풀빛미디어
등록 1998년 1월 12일 제2021-000055호
주소 (10411) 경기도 고양시 일산동구 정발산로 166번길 21-9
전화 031-903-0210
팩스 02-6455-2026
이메일 sightman@naver.com

엑스 @pulbit_media
유튜브 @풀빛미디어
페이스북 @pulbitmedia
블로그 blog.naver.com/pulbitme
인스타그램 @pulbitmedia

ISBN 978-89-6734-219-7 73360

- 책값은 뒤표지에 있습니다.
- 파본은 구매하신 서점에서 바꾸어 드립니다.
- 저작권법에 따라 보호받는 저작물이므로 무단 전재와 복제를 금합니다.

이 도서는 2025 경기도 우수출판물 제작지원 사업 선정작입니다.

어린이제품 안전특별법에 의한 기타표시사항
제품명 도서 | **제조자명** 풀빛미디어 | **제조국명** 한국 | **제조년월** 2025년 5월 | **사용연령** 8세 이상
주소 (10411)경기도 고양시 일산동구 정발산로 166번길 21-9 | **전화번호** 031-903-0210